GUIDE DE CONVERSATION

EN LANGUE RUSSE

GUIDE DE CONVERSATION EN LANGUE RUSSE
© François Garijo 2016
Dépôt Légal Mars 2018
N° ISBN : 979-10-97252-15-1
EAN : 9791097252151

Je dédie ce livre à

Paola Garijo

Moscou 2016

Франсуа Гарижо

François Garijo

GUIDE DE CONVERSATION EN LANGUE RUSSE

ПРИНЦИП БЕСЕДЫ ПО-РУССКИ

Désormais à courte distance de la France a seulement trois ou quatre heures d'avion, la Fédération de Russie offre un potentiel touristique immense.

Ce guide porte sur l'interprétation et les valeurs de la majorité des mots russes avec des exemples !

Он включает толкования и значения большинства русских слов с примеры!

Il a été conçu avec une thématique par sujets vous permettant d'utiliser les premiers mots dès votre arrivée à l'aéroport, la grande majorité des touristes que nous sommes souhaitent pouvoir communiquer sur les basiques de la langue.

Cet ouvrage permet à la fois à ceux qui ne connaissent pas la langue russe comme aux étudiants débutants de trouver des éléments basiques mais aussi des phrases ou expressions plus abouties.

La langue russe et son alphabet diffèrent radicalement de la langue Française et il n'est pas donné à tous de pouvoir l'apprendre facilement, toutefois le voyageur trouvera ici tous les outils nécessaires se trouver prêt en trois heures d'avion, où en quelques minutes sur place, à se faire comprendre et communiquer selon ses besoins.

Il n'est pas besoin de préciser à votre interlocuteur que vous ne parlez pas le Russe, il le comprendra dès le premier mot, sachez qu'il ne sait pas quel niveau de russe vous êtes sensé connaître et qu'il se peut qu'il ne connaisse pas lui-même le Français, ne soyez pas stressé, prononcez-le ou les mots en phonétique, montrez l'expression sur votre guide à votre interlocuteur.

Pour les sommes et les chiffres procédez de même mais préférez toute fois une réponse chiffrée écrite avec la phrase suivante :

Pouvez-vous m'écrire le prix s'il vous plait ?

Могли бы вы написать мне цену пожалуйста?

MOGLI BY VY NAPISAT MNE TSENU POJALUISTA ?

Le plus facile est d'écrire sur un bout de papier ou de montrer ses doigts.

Pouvez-vous m'aider ?   Не могли бы Вы мне помочь?

NE MAGLI BI VI MNE POMOTCH ?

Les principaux mots sont exprimés en russe, en français et prononciation phonétique sous forme majuscule, concrétisée par une liste des mots importants dont vous aurez besoin.

Des chapitrés particuliers sont consacrés aux nombres, à la notion de date et de temps, sur des phrases déjà construites.

Familiarisez-vous avec les noms d'usage que vous allez retrouver sur les panneaux comme les entrées et sorties du métro, des magasins etc. :

Ouvert - fermé

Открыто - Закрыто

OTKRYTA - ZAKRYTA

Familiarisez-vous avec les usages des différents services de repas pour réserver correctement :

Petit déjeuner **Завтрак**

ZAVTRAK

Déjeuner **Обед**

ABYET

Dîner, souper **Ужин**

OUJYNE

Mes amis, bon moment de la Journée

Друзья, доброго времени суток!

DROUZYA, DOBROGO VREMYA SOUTOK

PREPARATION AU VOYAGE

Путеводителем

Французкий Разговорник и Словар

Vous êtes français et touriste pour la première ou une seconde fois dans la Fédération de Russie, voici quelques usages de base qui vous permettront d'être plus à l'aise.

La communication est mutuelle, vous n'avez pas besoin de beaucoup de mots pour vous exprimer, sachez que les russes hommes et femmes sont sérieux et professionnels dans leurs fonctions, du vendeur de billets de métro à l'agent de sécurité dans le musée, soyez polis mais bref et concis, ne vous attendez pas à ce que votre interlocuteur soit expansif en formules de politesse il sera efficace.

Abstenez-vous de plaisanter avec les personnes dans l'exercice de leurs fonctions au travail, soyez courtois, les russes s'attendent à rencontrer des français cultivés, polis et romantiques style vieille France, vous pourriez être mal jugé par votre manque de civisme et de courtoisie.

Ne cherchez pas à faire trois ou quatre bises sur les joues comme il est de coutume chez-vous, ici ce sera pris pour de la drague grossière et pour du ridicule, préférez la franche poignée de main.

Avec des amis dans l'intimité laissez les prendre les devants à votre encontre, ne soyez pas tactile ni avec les hommes ni avec les femmes, ne buvez jamais le premier verre de l'amitié sans avoir vous-même ou votre hôte formulé un toast à la santé, le bonheur, la famille ou l'amitié.

Ne vous attendez pas au traditionnel baiser russe sur la bouche, depuis de longues années la poignée de main à l'occidentale est d'usage, de même le baiser sur la joue à la française ne se fait qu'en France, deux à quatre bises ou même une, vous feront passer pour un grossier dragueur, embrassez donc vos proches et serrez fermement la main de vos hôtes homme et femmes.

Offrez systématiquement des fleurs aux rendez-vous avec les dames qu'ils soient d'affaires ou privés, et toujours un nombre de fleurs impair, le nombre pair étant réservé aux couronnes mortuaires.

Si vous prenez un taxi, le prix doit s'afficher et se dérouler en temps réel devant vous, si ce n'est pas le cas, c'est une arnaque, stoppez-le et descendez immédiatement.

Les licences de taxi sont moins rigoureuses qu'en France, un chauffeur de taxi peut l'être depuis un mois comme depuis dix ans

Laissez systématiquement un pourboire dans un bar ou restaurant, la note vous sera présentée cachée dans un porte note plié, lisez là et payez en la majorant de votre pourboire, vous rendrez la note avec l'argent dans le même porte note à la serveuse.

Dans les magasins les selfs service, bars d'hôtel et services de restauration rapide il vous sera systématiquement remis un simple ticket de caisse, le pourboire ne sera pas de mise.

Les musées sont très vastes et la visite de ceux-ci est compartimentée par secteurs payants donnant accès aux différentes salles ou édifices, renseignez-vous en fonction de votre temps s'il convient de prendre une billetterie type **Входной билет в музей** Billet d'Entrée au Musée (**комплекты билетов**) billets complets c'est-à-dire pour l'ensemble des expositions, ceci est moins cher et vous éviterez de revenir sur vos pas car l'accès à une salle vous aura été refusé par manque de billet, vous trouverez des agents de sécurité, des surveillants de musée et des contrôles de billetterie dans toutes les salles et bâtiments.

Demandez-s'il est autorisé de photographier à l'intérieur, généralement ceci est le cas, cela est rarement interdit, toutefois certains musées demandent une modique somme dérisoire en échange de laquelle il vous est donné un badge à porter avec une lanière autour du cou signifiant aux surveillants qu'il vous a été délivré l'autorisation de photographier et filmer.

Dans certaines églises vous pouvez trouver une barrique avec de l'eau et un gobelet à l'entrée c'est le cas dans l'église devant le palais de **Tsaritsyno** dans le sud de Moscou, il s'agit d'eau bénite, abstenez-vous d'en boire, préférez l'échoppe de vente à droite de l'entrée pour acheter de l'eau ou du kvas, on ne mange pas et on ne boit pas dans les églises.

Pour la visite des monastères l'usage de la photo est plus généralement autorisé, toute fois en ce qui concerne les églises et cathédrales, la photographie à l'intérieur est souvent interdite, il est d'usage pour les dames de se revêtir d'un foulard sur la tête et pour tous d'adopter le silence avec une attitude digne et respectueuse, les autorités ne sont pas tolérantes pour les esclandres et les attitudes blasphématoires dans les lieux de culte, abstenez-vous de plaisanter, de crier où d'être irrévérencieux, les russes sont profondément et culturellement attachés à leurs valeurs religieuses Orthodoxes. Vous commettriez outre un grave affront un délit punissable pénalement en Russie.

La vente de boissons alcoolisées est interdite généralement entre 22h00 et 8h00 du matin dans tous les magasins, dans certaines villes il y a eu des variantes plus prononcées jusqu'à 11h00 du matin par décrets locaux.

Vous pouvez toutefois consommer de l'alcool au bar, restaurant et selfs service pendant les horaires nocturnes.

Toutes les vodkas n'ont pas le même degré d'alcool, de même pour les bières, si nous prenons un exemple la marque **Балтика**, **Baltika** dispose de bières sans alcool et de plusieurs autres numérotées par exemple de un à sept en fonction de leur degré d'alcool et sur différents aromates, ambrée, brune, blanche, blonde, de nombreuses marques de vodka, bière ou vin sont disponibles, elles sont de très grande qualité, découvrez ces alcools locaux, ils sont moins chers que les alcools européens d'importation, lourdement taxés et qui vous seront chèrement facturés, n'achetez pas de vins russes de Crimée pour les ramener, leur importation est interdite en Europe et complètement illégale en France, préférez les consommer localement.

Il est fort déconvenu et dangereux de plaisanter avec un employé, caissière, policier, conducteur de bus, agent de sécurité, vendeuse de magasin ou quelque autre métier que ce soit, les russes sont sérieux professionnels et dévoués à leur fonction.

Une interdiction ou un refus verbal d'un employé dans sa fonction au travail ne se contourne pas, on vous pardonnera votre erreur car vous êtes touriste, mais si vous êtes insistant, irrespectueux, faites du scandale, ou bravez l'interdit vous serez arrêté par la sécurité et livré à la police.

La sécurité se dit **охрана OKRANA** la police **полиция PALITSA**, milice **милиция MILITSYA**, ces noms sont portés sur les uniformes **ОМОН, СОБР, ОХРАНА, ПОЛИЦЯ, МИЛИЦИЯ**, identifiez-les, vous pouvez faire appel à eux en cas de problèmes mais sachez que seuls quelques officiers parlent des langues étrangères.

Les trains comportent trois classes différentes, le moins cher la 3° classe ou placard **плацкарт PLAKART** ce sont des wagons dortoirs communs contenant 54 lits avec des lits superposés de chaque côté du couloir, la 2° classe ou coupé, **купе KOUPE**, ce sont des compartiments de 4 places, chaque wagon est constitué de neuf compartiments fermés avec chacun quatre couchettes (2 en haut et 2 en bas).

Les couchettes du bas peuvent être en position lit ou en position siège (avec dossier, pour trois personnes), celles du haut restent en position lit mais peuvent également être relevées, reste la 1° classe luxe **люкс LYOUKS**, chaque wagon est constitué de huit ou neuf compartiments comme pour couper, mais avec seulement 2 personnes par compartiment.

Dans certains trains couchettes qui roulent de jour, il y a aussi quelques wagons avec uniquement des places assises, généralement pour des voyages de moins de 8 heures, Mais dans les trains russes ne possèdent que trois classes, en raison des grandes distances à parcourir, huit, douze, seize, vingt heures voire plusieurs jours, tous les trains dits express, les métros, les trains de banlieue, les trains de jour à courte distance n'ont que des wagons à siège assis classique.

Les trains couchette sont la routine habituelle, on y dort et on y mange avec tout ce que l'on a préparé comme boisson et nourriture avant d'embarquer, il est d'usage dans les wagons collectifs de proposer et de partager ses aliments ou boissons avec les autres voyageurs, la longueur du voyage favorisant les discussions vous ne manquerez pas de vous familiariser voire lier des amitiés qui parfois n'iront pas plus loin que la durée du trajet. Ces rencontres auront le mérite de vous permettre d'aborder tous les sujets et de trouver des renseignements pour la poursuite de votre voyage touristique.

L'histoire et la culture Russe, qu'elle soit politique, musicale, ou poétique est très ancienne et immensément riche, « l'âme russe » est profonde et glorieuse, ne cherchez pas à critiquer les russes sur leur passé soviétique ou impérial, moins encore sur leur vie ou politique actuelle, si on vous pose une question soyez honnête répondez selon vos convictions mais avec respect, tout comme chez vous en France, les sujets religieux et politiques sont sources de conflits, et il ne vous sera pas pardonné de venir chez eux pour vous exprimer ouvertement contre les valeurs bonnes ou mauvaises selon vous mais les valeurs toutefois qui aujourd'hui sont le socle de la société Russe dans sa globalité.

Attention au syndrome de Napoléon du touriste Français en Russie, demeurez modeste, courtois, compréhensif.

N'hésitez pas, Interrogez les russes que vous rencontrerez au cours du parcours, les guides touristiques, les surveillants de musées et vous apprendrez d'eux beaucoup vous, vous rendrez compte de l'attachement du peuple russe à son histoire, sa culture, insistez pour écouter de la musique russe, assister aux ballets, trouvez des traductions littéraires russes en langue française et visiter des galeries de peintures, votre voyage deviendra inoubliable.

Dans de nombreux palais, musées on trouve des salons de thé pâtisseries, sachez qu'il y a de nombreuses sortes de thé, vous devrez préciser celui que vous voulez **зеленый чай ZYLYONE TCHAY** (thé vert) ou **черный чай TCHORNYE** (thé noir) par exemple.

Sans autre précision de votre part on vous demandera pour deux ou trois et on vous donnera un sachet plus une théière pour deux ou trois personnes.

Reformulez une demande pour obtenir d'autres sachets supplémentaires.

Par exemple deux sachets de thé vert :

**я хотел бы еще
две чайный пакетик от
зеленый чай пожалуйста**

**YA XOTEL BY ECHE
DVE TCHAYNY PAKETYK OT ZYLONYE TCHAY
PAJALUSTA.**

L'âme russe est profonde, et si les français aiment à convaincre leurs interlocuteurs avec des belles phrases et des mots affirmés.

Les russes quant à eux sont plus dans le ressenti, alors que les français sont pragmatiques, les russes interpréteront votre comportement et chercheront à lire dans votre regard.

La France et sa culture mais aussi les Français sont encore aux yeux de nombreux russes une image vieille France romantique, respectueuse de valeurs nobles, ils s'attendront toujours à trouver chez leurs interlocuteurs des signes de ce savoir être à la française. Le russe attend du français courtoisie, respect, générosité et noblesse d'âme.

Plus qu'ailleurs, en Russie les règles de galanterie avec les dames et de bienséance en société, en passant une porte, les hommes doivent tenir la porte aux dames et s'effacer pour les laisser passer, une dame accompagnée ne doit pas ouvrir une porte elle-même.

Les seules exceptions sont les lieux publics comme les restaurants et les bars, où l'homme doit entrer le premier et néanmoins tenir la porte aux dames.

Les règles de galanterie obligent l'homme à laisser passer la femme devant, toutefois dans trois situations précises. L'homme doit toujours passer devant : quand ils montent ou descendent un escalier, quand ils montent dans une voiture ou quand ils rentrent dans un bar ou restaurant. L'homme se place devant la femme lorsqu'ils montent un escalier pour ne pas avoir son regard dans les jambes et le dos de la dame.

Dans ses relations masculines on peut choisir d'offrir du vin français, toutefois en offrant un vin de Crimée qui est un des meilleurs au monde, ainsi qu'un produit russe vous marquerez votre attachement à la Russie, démontrez votre intérêt et de la curiosité, un russe sera silencieux, vous laissera parler en premier par courtoisie, sachez démarrer une conversation avec des politesses et remerciements pour le temps que l'on vous accorde puis donnez la parole, sachez aussi que l'on n'interrompt pas son interlocuteur, les russes sont patients à l'extrême, soyez-le aussi.

La Russie est une nation de 146 millions d'habitants pour une superficie de 17,1 millions de km² alors que la France ne fait que 643 000 km² de superficie pour 66 millions d'habitants sources de 2016. La Russie est 25,5 fois plus vaste et 2,3 fois plus peuplée, la Russie est une nation multiconfessionnelle, composée de plus de 176 nationalités et groupes ethniques.

La religion orthodoxe a été adoptée en l'an 988, puis dès 1051, le patriarche n'est plus un byzantin, mais un russe, le siège du patriarcat est transféré à Moscou en 1329, cela fait donc environ 700 ans. Le chef de l'Église porte le titre de Patriarcat de Moscou (depuis 1589) et de toute la Russie (ou de toutes les Russies : cette expression remonte à l'époque des principautés russes : il y avait alors plusieurs Russies au pluriel, la résidence du patriarchla résidence du patriarche se situe au monastère Danilov à Moscou depuis 1987.

L'église orthodoxe, est omniprésente disposant du plus grand réseau social dans la Russie moderne d'aujourd'hui, elle très respectée, et de plus son organisation institutionnelle est incontournable, au centre des valeurs morales et éthiques du pays, de type conservateur. Les conservateurs libéraux sont les véritables gouvernants de la Russie moderne mais même si leurs intérêts sont préservés par le Kremlin, l'acteur d'influence principal est le courant spirituel orthodoxe pour lequel la dévotion du peuple Russe ne connait pas de limites. Les décisions de la dirigeance du kremlin doivent se conformer à ces deux courants dans la politique intérieure du pays, en retour son pouvoir est désormais sans limites. L'homme est soumis à l'obligation de se laisser guider dans toutes ses actions par des considérations morales, la présence omniprésente de l'orthodoxie dans la société russe est le socle civilisationnel de son futur. Vous comprendrez comment la méthodologie politique actuelle alliant l'idéalisation du patriotisme et du puritanisme spirituel permet une renaissance culturelle et spirituelle. La nouvelle identité nationale s'expliquée depuis quinze ans[1].

---

[1] La Nation Russe et la Civilisation orthodoxe François Garijo lulu Editions ISBN 9791097252137 première édition parue en 2018.

GUIDE DE CONVERSATION

EN LANGUE RUSSE

Французкий Разговорник

и

Словар

FORMULES DE POLITESSE

Montrez-moi ? Покажите меня ?

POKAJYTE ? MYNYA

Bon matin Доброе утро

DOBRE UTRA

Bonne journée Добрый день

DOBRY DEN

Bonne soirée Добрый вечер

DOBRY VECHER

Bonne nuit Спокойной ночи

SPOKOYNOY NOCHY

Au revoir До свидания

DA ZVYDANYA

S'il vous plait Пожалуйста

PAJALUSTA

Merci Спасибо

SPASYBA

Je vous demande pardon **Прошу Прощения**

PROCHOU PROCHENYA

Excusez-moi **Извините**

IZVINYTYE

Comment ça va ? **Как дела ?**

KAK DYELA ?

Bon appétit **Приятного аппетита**

PRYATNOVO APETYTA

Très bien **Очень Хорошо**

OTCHEN XARACHO

Et vous ? **А у вас ?**

A OU VAS ?

Avec plaisir **С удовольствием**

CUDAVOLSTYEM

Bien **Хорошо**

XARACHO

Mal **Плохо**

PLOXO

Comme ci comme ça **Так Себе**

TAK SYBYA

Normal (très courant) **Нормал**

NORMAL

Salut, à la prochaine **Пока**

PAKA

D'où venez-vous ? **Откуда вы ?**

OTKOUDA BUY ?

Je viens de… et vous ? **Я из …… а вы ?**

YA YZ… A VUY ?

Où vivez-vous ? **Где вы живёте ?**

GDYE VUY JYVYOTE ?

Combien d'années as-tu ? Quel âge as-tu ?

Сколько тебе лет?

SKOLKA TYBYA LYET

Combien d'années avez-vous ? Quel âge avez-vous ?

Сколько вам лет ?

SKOLKA VAM LYET ?

Bonne Journée Хорошего Дня

XOROCHEVO DNYA

Au revoir До Свидания

DA ZVYDANYA

D'accord Ладно

LADNA

Au matin До утро

DA UTRA

A demain До завтра

DA ZAVTRA

Au soir До вечера

DA VCHERA

Pourquoi, pour **За чем, За**

ZATCHEM, ZA

A votre santé **Ваше здоровье**

VACHE ZDOROVA

A la santé **На здоровье**

NA ZDOROVYE

Soyez en santé, à votre santé **Будьте Здоровы**

BOUTYE ZDOROV

Et également pas prêt **Также пока не готов**

TAKJE PAKA NYE GATOV

Bonne chance **Удачи**

OUDACHI

Avec succès **От Успехов**

OT OUSPEXOV

Le succès **Успех**

OUSPEX

Souhaiter bonne chance et succès

Пожелания Удачи и Успехов

POJELANYA OUDACHI Y OUSPEXOV

Je souhaite bonne chance et succès **Желаю Удачи и Успехов**

JELAYOU OUDACHI Y OUSPEXOV

Comment vous appelez-vous ? **Как вас зовут ?**

KAK VAS ZAVOUT ?

Comment t'appelles-tu ? **Как тебя зовут?**

KAK TYBYA ZAVOUT ?

Je m'appelle… **Меня зовут…**

MYNYA ZAVOUT…

Monsieur **Господин**

GASPODYN

Madame **Госпожа**

GASPAJA

Allons-y **Пойдем**

PAYDYOM

Allons déjeuner **Пойдем Обедать**

PAYDYOM ABYDYET

Donnez mes salutations à… **Передавайте Привет...**

PREDAVAYTE PRYVET...

Enchanté, très plaisant, avec beaucoup de plaisir

Очень Приятно

OTCHEN PRYATNO

Je ne peux pas **Я не могу**

YA NE MAGOU

Lequel voulez-vous ? **Какую вы хотите ?**

KAKOUYOU VUY XATYTE ?

Comment vis-tu ? Comment vas-tu ? **Как поживаешь ?**

KAK POJYVAECH ?

Comment allez-vous ? **Как поживаете ?**

KAK POJYVAYETE ?

A bientôt, au plus vite   До скорого

DA SKARAVA

Bien Venue   Добро пожаловать

DOBRO POJALOVAT

Bon doux, bien venue   Добро

DOBRO

(En réponse à un bien venue)

Malheureusement   К Сожалению

KSAJELENYOU

Merci beaucoup   Большое Спасибо

BALCHOYE SPACYBA

Il n'y a pas de quoi, je vous en prie

Не за что, Пожалуйста

NYE ZA CHTO, PAJALOUSTA

Dormez bien (bons rêves)   Хороших Снов

XOROCHYX SNOV

Je vous en prie Пожалуйста

PAJALOUSTA

Il n'y a pas de quoi Не за что

NYE ZA CHTO

Pardon Прости

PROSTY

Pardonne-moi Прости Меня

PROSTY MYNYA

Pardonnez-moi Простите

PRASTYTYE

Je vous demande pardon Прошу Прощения

PROCHOU PROCHENYA

Excusez-moi, Je ne sais pas Извини Мне, Я не знаю

IZVINY MYNYA, YA NE ZNAYOU

Peut-être Может быть

MOJET BYT

Je ne comprends pas Простите я не понимаю

PRASTYTYE YA NE PANIMAYOU

Dites-moi où sont les toilettes, s'il vous plaît ?

Где находится туалет, скажите пожалуйста ?

GDYE NAXRADITSYA TOUALET,

SKAJYTE   PAJALOUSTA ?

Excusez-moi, Que signifie ce mot ?

Извините, Что означает это слово ?

IZVINYTYE, CHTO AZNACHAET ETA SLOVA ?

Excusez-moi, Où y a-t-il un restaurant ?

Извините, Где тут есть ресторан ?

IZVINYTYE, GDYE TOUT EST RYSTORAN ?

Excusez-moi, Où se trouve l'hôtel ?

Извините, где находится гостиница ?

IZVINYTYE, GDYE NAXRADITSYA GASTINYTSA ?

Excusez-moi, Comment vous appelez-vous ?

Извините, Как Вас Зовут ?

IZVINYTYE, KAK VAS ZAVOUT ?

Excusez-moi, Parlez plus lentement

Извините, Говорите помедленнее, пожалуйста

IZVINYTYE, GAVARYTYE PAMYEDLENYE PAJALOUSTA

A mon humble avis По моему скромному мнению

PO MOYMOU SKARAMNOMOU YMEYOU

Excusez-moi, Parlez-vous Français ?

Извините, Вы говорите по-французски ?

IZVINYTYE, VY GOVORYTE PO FRANSSOUSSKY ?

Stationnement interdit Стоянка Запрещена

STAYANKA ZAPRYCHYENA

Excusez-moi, Je dois faire le plein

Извините, Мне нужно заправить машину

IZVINYTYE, MYNYA NOUJNA ZAPRAVYT MACHYNOU

Excusez-moi, Où est la prochaine station-service ?

Извините, Где находится следующая заправочная станция?

IZVINYTYE, GDYE NAXRODYTSYA SLYEDOUCHAYA ZAPRAVATCHNAYA STANYTSA ?

Excusez-moi, Combien est-ce que ça coûte ?

Извините, Скоько это стоит ?

IZVINYTYE, SKALKA ETA STOYTE ?

Je dois partir maintenant Я должен уезжать теперь

YA   DOLJEN OUEJAT   TYPER

Ecoutez, je dois partir maintenant

Слушай, мне нужно сейчас уйти

SLOUCHY MYNYA NOUJNA SEYCHAS UYTY

Je ne peux pas attendre Я не могу ждать

YA NE MAGOU JDAT

Je dois partir je suis pressé

Мне пора уходить, Я тороплюсь

MYNYA PARA OUXODYT ?

YA   TARAPLYOUS

Pas de soucis je ne suis pas pressé

Не беспокойся, Я не тороплюсь

NYE BEZPAKOYSA YA NYE TARAPLYOUS

Je vous demande pardon mais je suis pressé

Прошу прощения, Но я тороплюсь

PROCHOU PRACHENYA NO YA TARAPLYOUS

Peut-on faire rapidement, je suis un peu pressé

Мы можем сделать это побыстрее, Я немного тороплюсь

MUY MOJEM SDYELAET ETA

PABYSTRE, YA NYMNOGA TARAPLYOUS

Je suis un peu pressé **Я несколько тороплюсь**
(deux expressions similaires)

YA NYESKALKA TARAPLYOUS

Я немного тороплюсь

YA NYMNOGA TARAPLYOUS

Ecoute je pense que tu fais une erreur

Послушай, Я думаю ты делаешь ошибку

POSLOUCHAY, YA DOUMAYOU TY DYELAECH OCHYBKA

Non je pense que tu ne peux pas   Нет, Я думаю, ты не могла

NYET, YA DOUMAYOU, TY NE MOGLA

Recherchez dans chaque mot   Найдите к каждому слово

NAYDYTE NA KAJDOMOU SLOVO

Tu veux   Ты хочешь ои захочешь

TY XOCHECH ou ZAXOCHECH

Sans Без

BYZ

Pour Для

DLYA

Jusqu'à До

DO

Avec С

ES

A cause de **Из-За**

YZ ZA

De, exemple : j'arrive de Moscou **Из**

YZ

De loin **От**

OT

Loin **Далеко**

DALYKO

Près **Около**

OKOLO

Vers un lieu pour une personne **К**

KA

Le pour endroit ou pour une personne **По**

PO

Au concert, au musée etc **На**

NA

Dans exemple trois jours, notion de temps **Через**

CHYEREZ

Au sujet **O**

O

Pour **По**

PO

Entre **Между**

MYJDOU

Allez-y **Зайдите**

ZAYDYTE

Jurer (grossier), ou serment **Ругаешься**

ROUGAECHYA

Langage grossier **Матом**

MATOM

Touchant **Трогательно**

TRAGATELNA

Tu veux **Захочешь**

ZAXOCHECH

Encore **Снова**

SNOVA

Temps de dormir **Пора спать**

PORA SPAT

Il est temps **Уже пора**

OUJE PORA

Encore une fois **Также, Снова Также**

TAKJE, SNOVA TAKJE

Nouvelle fois **Снова раз**

SNOVA RAZ

Je n'ai pas ceci **Это не я имею**

ETA YA NE YMEYOU

J'ai **Я имею**

YA YMEYOU

Presque toujours **Почти всегда**

POCHTY VSYGDA

Où vas-tu **Куда ты идешь**

KOUDA TY YDECH

A qui je parle   Кому я говорю

KOMOU YA GOVORYOU

J'ai trouvé (au masculin) tu as trouvé (au féminin)

Я нашел ты нашла

YA NECHEL, TY NACHLA

Qui, celui qui (au masculin), celle qui (au féminin)

Который / Которая

KOTORY, KOTORAYA

Excellent   Отлично

OTLYCHNA

Je suppose   Я полагаю

YA POLAGAYOU

Naturellement   К сожалению

KSAJELENYA

Maintenant   Теперь

TYPER

Ceci va être Это стало

ETA STALA

Espoirs Надежды

NADYEJDY

Le problème Задачу

ZADATSOU

Toute la nuit Целую ночь

TSELOUYOU NOCH

Probablement Наверное

NAVERNOE

Bonjour Здравствуйте

ZDRASTVOUTYE

Bonjour familier Здравствуй

ZDRATSVUY

Pourquoi tu as besoin de ceci

Зачем тебе это нужно, Зачем

ZATCHEM TYBYA ETA NOUJNA, ZATCHEM

Tu as besoin de ceci   Это тебе надо

ETO TEBE NADO

Ce dont tu as réellement besoin

Что тебе это вправду надо

CHTO TEBE PRAVDOU NADO

Ou allons-nous   Куда мы идем

KOUDA MY YDEM

D'accord allons y ne perdons pas de temps

Ладно, давайте не будем терять время

LADNA DAVAYTE NE BOUDEM TERYAT VREMYA

Incroyable   Невероятно

NYEVERAYATNA

AEROPORT аэропорт AERAPORT

Salut **Привет**

PRIVYET

Bonjour **Здравствуйте**

SDRASTVOUTYE

Oui **Да**

DA

Non **Нет**

NET

Enregistrement des passagers

Регистрации Пассажиров

REGISTRATSYY   PASSAJYROV

Comptoirs d'enregistrement dans les halls de départ des terminaux de l'aéroport

Залах вылета терминалов аэропорта

ZALAX VYLETA TERMINALOF AERAPORTA

Enregistrement **Регистрация**

REGISTRATSYA

Valise – **Чемодан** bagages – **Багаж** sac - **Сумка**

TCHYMODAN - BAGAJE – SOUMKA

Toilettes **Туалет**

TOUALET

Où sont les toilettes ? **Где находится туалет ?**

GDYE   NAXRADYTSYA TOUALET ?

Zone de départ **Зоны вылета**

ZONN   VYLETA

Halls d'arrivée de l'aéroport **Залах Прилета**

ZALAX   PRYLETA

Terminaux de départ **Вылетов Терминала**

VYLETOV   TERMINALA

Numero de vol **Номер Рейса**

NOMER   REYSA

Contrôle des passeports **Паспортный Контроль**

PASSPORTNY KONTROL

Transit **Транзит**

TRANZYT

Où est la sortie, s'il vous plaît ?

Скажите, пожалуйста, где выход ?

SKAJYTE MNE POJALUISTA GDYE BYXOD ?

Je n'ai rien à déclarer   Мне нечего декларировать

MNE NYCHEVO DEKLARYROVAT

Je ne suis jamais venu ici Я никогда здесь не был

YA NYKAKDA ZDES NE BYL

J'ai un rendez-vous. S'il vous plaît, faites une annonce que monsieur …….. est arrivé et attend près des renseignements.

Меня должны встречать. Пожалуйста, дайте объявление, что господин ……прибыл и ждёт у справочного бюро.

MINYA DOLJNOU VSTRETCHAT. PAJALUYSTA, DAYTE OBIAVLENYE, CHTO GOSPODYN….PRYBUL Y JDYOT SPTAVOTCHNOVO BOURO.

Douane Таможенный - Таможня

TAMOJENNY - TAMOJNYA

Voici mon passeport   Вот мой паспорт

VOT MOY PASSPORT

Je suis ici pour affaires professionnelles

Я здесь по бизнесс делам

YA ZDYES PO BYZNESS DELAM

Je suis ici en vacances **Я здесь для отдыха**

YA ZDYES DLYA OTDYX

Sortie interdite **Выхода нет**

VYXODA NET

Sortie **Выход**

VYXOD

Pouvez-vous m'aider ? **Не могли бы Вы мне помочь ?**

NE MAGLY BY VY MNE POMOTCH ?

Allons regarder **Пусть Смотрят**

POUST CMOTRYAT

Ou se trouve le bureau de change ?

Где находится обменный пункт ?

GDYE NAKHODITSIA OBMENY POUNKT

Réclamation des bagages, **Выдача багажа**

VYDATSA BAGAJA

Réception de réclamation de bagages

Прием выдача багажа

PRYEM VYDACHA BAGAJA

Ce sont mes affaires **Это мои вещи**

ETO MOY VESCHY

Voici mes bagages **Вот мой багаж**

VOT MOY BAGAJ

C'est un cadeau c'est un souvenir

Это подарок - Это сувенир

ETA PODAROK - ETA SOUVENIR

Autorisé **Разрешённый**

RAZ RYCHYONNY

Interdit **Запрещённый**

ZA PRYCHYON

Entrée interdite **Запрещенный Вход**

ZA PRYCHYON VXOD

Ne pas entrer   **Нет входыт**

NET VXODYT

Entrer   **Входыт**

VXODYT

Entrée   **Вход**

VXOD

Sortie   **Выход**

VYXOD

Sortie de secours   **Запасный Выход**

ZYAPAXNY VYXOD

Interdiction, impossibilité d'enter   **Нельзя Вход**

NELZYA VXOD

Hélas, je dois partir samedi

К сожалению, В субботу я уезжаю

KSA JELENYOU FSUBOTOU YA UEJAYOU

Merci mais il est temps pour moi d'y aller

Спасибо , но мне уже пора

CPACYBA NO OU MYNYA OUJE PORA

A quoi cela sert-il ? **К чему это ?**

KATSEMOU ETA

Je n'ai pas entendu clairement **Меня явно не слышал**

MYNYA YAVNA NE SLYCHAL

TAXI такси TAKSI

Où est la station de taxis ?

Где находится Стоянка Такси ?

GDYE NAXRADTSYA STAYANKA TAKSY ?

Où puis-je prendre un taxi ? **Где я могу взять такси ?**

GDE YA MAGOU VZYAT TAKSY ?

Appelez-moi un taxi, s'il vous plaît

Вызовите меня такси, пожалуйста

VIZOVYTE MYNYA TAKSY PAJALUSTA

J'écoute **Слушаю**

SLOUCHAYOU

Je vais, j'irais **Я буду**

YA BOUDOU

Je ne me souviens pas

Не запомнил

NE ZAPOMNYL

Déposez-moi à …Отвезите меня в…

OVEZNYTE MYNYA F….

Je dois aller a …Меня нужно в…

MYNYA NOUJNO F

Déposez-moi à l'aéroport

Отвезите меня в аэропорт

OVEZNYTE MYNYA F AERAPORT

Déposez-moi à la gare Отвезите меня на вокзал

OVEZNYTE MYNYA NA VOKZAL

Déposez-moi à l'hôtel Отвезите меня в гостиницу

OVEZNYTE MYNYA F GOSTYNYTSA

Conduisez-moi à cette adresse

Отвезите меня по этому адресу

OVEZNYTE MYNYA PO ETOMU ADRESA

Arrêtez-moi ici, s'il vous plaît

Остановитесь меня здесь, пожалуйста

OSTANOVYTES MYNYA ZDYES ?

PAJALUSTA

Combien cela coûte pour aller à… ?

Сколько стоит доехать до.. ?

SKOLKA STOYT DO EJAT DO… ?

Ecrivez-moi le prix s'il vous plait

Напишите меня, пожалуйста, цену

NAPICHYTE MYNYA PAJALUSTA TSENA

Je ne veux pas Я не хочу

YA NE XATCHU

Conduisez-moi à cette adresse, s'il vous plaît

Отвезите меня по этому адресу, пожалуйста

OTVEZYTE MYNYA PO ETOMU ADRESU, PAJALUYSTA

Je veux aller Я хочу пойти

YA   XATCHU POYTY

Arrêtez Остановись

ASTANOVYS

Arrêtez-moi ici, s'il vous plaît. Pourriez-vous m'attendre ?

Остановитесь здесь пожалуйста.
Вы не могли бы меня подождать ?

OSTANOVITYES SDYES, POJALUSTA.

VY NE MOGLY BY MYNYA PODOJDAT ?

Pourriéz-vous m'attendre   Вы не могли бы меня подождать

VUY NE MOGLY BY MYNYA PODOJDAT

Stationnement, parking   Стоянка

STOYANKA

Où puis-je prendre un taxi ?   Где я могу взять такси ?

GDYE YA MAGU VZYAT TAKSY ?

Arrêtez   Остановись

ASTANOVYS

Je voudrais...Nous voudrions...   Я хотел(а) бы... Мы хотели бы....

YA XOTEL(A)...MY XOTELY BY....

Sortir du taxi ici   Выходит из такси здесь

VYXODYT YZ TAKSY ZDYEC

Bon, je file, je suis pressé **Ну, Я лечу, тороплюсь**

NOU YA LYTCHOU TARAPLYOUS

C'est possible s'il vous plait ? **Это возможно пожалуйста ?**

ETA VOZMOJNA PAJALUSTA ?

TRAIN поезд POEZD

Je suis très pressé **Я очень тороплюсь**

YA ATCHEN TARAPLYOUS

Je préfère marcher qu'attendre

Я предпочитаю пойти пешком, чем ждать

YA PRYEDOCHYTAOU POYTY

PYCHKOM TCHEM JDAYT

Parcours en autobus **Маршрут на автобусе**

MARCHRUT NA AVTOBOUS

En autobus jusqu'à la maison **На автобус до дома**

NA AVTOBOUS DO DOMA

Horaires des autobus **Расписания автобусов**

RASPYSANYE AVTOBOUSOF

Arrivent-ils à l'heure ? **Приходят вовремя ?**

PRYXODYAT VOVREMYA ?

Je ne sais pas quand arrive le prochain bus

Я не знаю, когда придет следующий автобус

YA NE ZNAYOU KAGDA PRYDYOT SLYEDOUCHEY AVTOBOUS

Salut, quand est-ce le prochain autobus pour....?

Привёт. Когда слёдующий автобус до....?

PRYVYET KAGDA SLYEDOUCHEY AVTOBOUS DO....?

Toilettes **Туалет**

TOUALET

Où sont les toilettes ? **Где находится Туалет ?**

GDYE NAXODYTSYA TOUALET ?

GARE ROUTIERE автовокзал AVTOVOKZAL

Gare, gare de trains **Вокзал**

VOKZAL

Arrêt **Остановка**

ASTANOVKA

Départ **Отправление**

ATPRAVLENYE

Arrivée **Прибытие**

PRIBYTYE

Où se trouve le guichet ? **Где находится билетная ?**

GDYE NAXODYTSYA BILETNAYA

Je peux payer avec une carte de crédit   / carte visa

Я могу заплатить кредитной картой / Карта Виза

YA MAGOU ZAPLATYT

KREDYT KARTA / VYZA KARTA

Combien coûte un ticket pour… ?

Сколько стоит билет до… ?

SKOLKA STOYT BYLET DO… ?

Caisse, guichet **Касса**

KASSA

Où va ce bus | train ?

Куда идет этот автобус| поезд ?

GDE YDET ETOT AVTOBUS / POEZD ?

Est-ce que ce bus | train s'arrête à… ?

Этот автобус останавливается на… ?

ETOT AVTOBUS OSTANAVLYVETSA HA… ?

Quai **Причал**

PRYCHAL

Combien coûte le billet ?

Сколько стоит билет ?

SKOLKA STOYT BYLLET ?

De quel quai part le train ?

С какой платформы отправляется поезд ?

S KAKOY PLATFORM OTRAVLETSYA POEZD ?

Éloignez-vous de la bordure du quai   Отойди́те от кра́я перро́на

OTOIDYTE OT KRAYA PERRONA

S'il vous plait le prochain train

Пожалуйста, на ближайший поезд

POJALUYSTA NA BLYJAYCHY   POEZD

Où se trouve l'horaire des trains ?

Где находится расписание поездов ?

GDYE   NAXRADTSYA

RASPYSANYE POYEZDOV ?

Qu'est-ce que c'est ?   Что это такое ?

CHTO   ETA TAKOE ?

Le train a effectué le parcours en 10 jours

Тогда поезд прошел по маршруту всего за десять суток

TAGDA POEZD PROCHEL PO MARCHROUTU VSEGO ZA DYSYAT SUTOK

Pourquoi ? **За чем ?**

ZATCHEM

Pourquoi ? **Почему ?**

PATCHEMOU ?

Où allez-vous ? **Куда вы едете ?**

KOUDA BY IDYTE ?

Pourriez-vous parler moins vite ?

Не могли бы говорить помедленнее ?

NE MOGLY BY GOVORYT POMEDLENYE ?

Je ne comprends pas **Я не понимаю**

YA NE PONYMAYOU

Répétez, s'il vous plaît **Повторите, пожалуйста**

VTORYTE PAJALUSTA

Je comprends **Я понимаю**

YA PONYMAYOU

Pourriez-vous m'accompagner à .. ?

Не могли бы вы проводить меня до.. ?

NE MOGLY BY VY PROVODYT MYNYA DO.. ?

Avec moi **Со мной**

SO MNOY

Avec toi **С тобой**

S TOBOY

METRO метро METRO

Je suis sur le point de partir   Я уже собираюсь уходить

YA OUJE SYBYRAYS OUJADYT

Où est la station de métro la plus proche ?

Где находится ближайшая станция метро ?

GDYE NAXODYTSYA BLYJAYCHAYA

STANTSYA METRO ?

Arrêt de métro ou station   СТАНЦИЯ

STANYTSYA

Un billet pour ...   Один билет до...

ODYN BYLLET DO...

Sortie interdite   Выхода нет

VYXODA NET

Sortie   Выход

VYXOD

Entrée de la station de métro

Станция Метро Вход

STANITSYA METRO VXOD

Sécurité **Охрана**

OKHRANA

Je suis perdu, se perdre

Я потерялся, потерялась

YA POTERALSA, POTERYALAS

Heureusement, que j'ai changé d'avis

Тогда хорошо, что я передумал(а)

TAGDA XARACHO,

CHTO YA PEREDOUMAL(A)

BUS автобус AVTOBUS

Billet   Биллет

BYLLET

Excursion   Экскурсия

EKSKURSYA

Autobus   **Автобус**

ABTOBYS

Arrêtez   **Остановись**

OSTANOVYS

Je voudrais...Nous voudrions...

Я хотел(а) бы... Мы хотели бы....

YA XOTEL(a)… MY XOTELY BY….

Sortir de l'autobus ici

Выходит из автобуса здесь

VYXODYT YZ AVTOBUSA ZDYES

C'est possible s'il vous plait ?

Это возможно пожалуйста ?

ETA VOZMOJNA PAJALUSTA ?

Arrêt et stationnement à toutes les stations

Остановка и стоянка всем станциям

ASTANOVKA Y STAYANKA

VYSEM STANCHYAM

Pourriez-vous parler moins vite ?

Не могли бы говорить помедленнее ?

NE MOGLY BY GOVORYT POMEDLENYE ?

Je ne comprends pas Я не понимаю

YA NEPONYMAYOU

Répétez, s'il vous plaît Повторите, пожалуйста

VTORYTE PAJALUSTA

Je comprends Я понимаю

YA PONYMAYOU

Ecrivez-le, s'il vous plaît Пожалуйста, напишите это

PAJALUSTA NAPYCHYTE ETA

Ne pourriez-vous pas m'accompagner à..

Не могли бы вы проводить меня до..

NE MOGLY BY VY PROVODYT MYNYA DO

Pas très cher   Не очень дорого

NE OTCHEN DOROGO

Seulement en petites étapes   Только маленькими шагами

TALKA MALENKYM CHAGAMY

Horaires des autobus   Расписания Автобусов

RASPYSANYE AVTOBUSOF

Arrivent-ils à l'heure ?   Приходят Вовремя ?

PRYXODYAT VOVREMYA ?

Je ne sais pas quand arrive le prochain bus

Я не знаю, когда придет следующий автобус

YA NE ZNAYOU KAGDA PRYDYOT SLYEDOUCHEY AVTOBOUS

Quand le prochain autobus pour....?

Когда слёдующий автобус до....?

KAGDA SLYEDOUCHEY AVTOBOUS DO....?

Je préfère marcher qu'attendre

Я предпочитаю пойти пешком, чем ждать

YA PRYEDOCHYTAOU POYTY PYCHKOM, TCHEM JDAYT

Le prochain autobus sera le dernier

Следующий автобус станет последним

SLYEDOUCHEY AVTOBOUS STANYT POSLEDYM

Arrive bientôt   Скоро подойдет

SKORA PODYAYDYOT

Amende   Штрафа

CHTRAFA

Amendes **Штрафов - Штрафы**

CHTRAFOF ou CHTRAFY

HOTEL ГОСТИНИЦА GOSTINYTSA

Je cherche mon hôtel **Я ищу мою гостиницу**

YA YTCHYU MOYU GOSTYNYCHOU

J'ai réservé une chambre au nom de…

Я зарезервировал номер на имя…

YA ZA REZERVYROVAL NOMER NA YMYA...

S'il vous plait **Пожалуйста**

PAJALUSTA

Toilettes **Туалет**

TOUALET

Où sont les toilettes ? **Где находится туалет ?**

GDYE NAXRADYTSYA TOUALET ?

Donnez-moi s'il vous plait la clef de ma chambre

Дайте, пожалуйста, ключи от моего номера

DAYTE PAJALUSTA

KLUTCHY OT MOEVO NOMER

Merci de me rappeler **Пожалуйста, перезвоните меня**

PAJALUSTA PEREZVONYTE MYNYA

Nous le savions, nous avions compris **Мы понимали**

MY PONYMALY

Puis-je réserver une chambre ?

Могу я зарезервировать номер ?

YA MAGOU ZA REZERVYROVAT NOMER ?

Chambre individuelle **Отдельный номер**

OTDELNY NOMER

Chambre double **Номер на двоих**

NOMER NA DVOYX

Je voudrais (home) ou (femme) **Я хотел (Я хотела)**

YA XOTEL ou YA XOTELA

Je voudrais (masculin), une chambre avec téléphone et balcon

Я бы хотел(а) номер с телефоном, телевизором и балконом

YA BY XOTEL NOMER S TELEFON

Y BALKONOM

(Au féminin)

YA BY XOTELA NOMER S TELEFON

Y BALKONOM

Je voudrais régler la note Я бы хотел рассчитаться

YA BY XOTEL RASSCHYTASYA

Inclus ? Включён ?

FLUKTCHYON ?

Petit déjeuner Завтрак

ZAVTRAK

A quelle heure le petit déjeuner ? В котором часу завтрак ?

F KOTOROM TCHASU ZAVTRAK ?

Il me faut **Мне надо**

MINYA NADO

Comprenez-vous ? **Вы понимаете ?**

VUY PONYMAETE ?

Est-ce que quelqu'un ici parle français ?

Здесь кто-нибудь говорит по-французски ?

ZDYES KTO NYBUD GAVORYT

PO FRANTSUSKY ?

Donnez-moi s'il vous plait…. **Дайте меня, пожалуйста…**

DAYTE MYNYA PAJALUSTA

Je suis fatigué, fatiguée **Я устал, устала**

YA OUSTAL - YA OUSTALA

Je ne me souviens pas de tout **Совсем не запомнил**

SOVSEM NE ZAPOMNYL

Pourriez-vous me dire...?

Вы не могли бы сказать меня..?

VY NE MOGLY BY SKAZAT MYNYA ?

Pourriez-vous me donner...?

Вы не могли бы дать мне...?

VY NE MOGLY BY DAT MYNYA...?

Pourriez-vous nous donner...?

Вы не могли бы дать нам...?

VY NE MOGLY BY DAT NAM...?

Pourriez vous m'aider ?

Вы не могли бы помочь меня ?

VY NE MOGLY BY POMOTCH MYNYA ?

Pourriez-vous me montrer...?

Вы не могли бы показать меня...?

VY NE MOGLY BY POKAZAT MYNYA ?

Valise **Чемодан**

CHEMODANE

Voiture **Автомобиль**

AVTOMOBILE

Chambre **Номер**

NOMER

Pour une nuit **На ночь**

NA NOTCH

Pour … jours **На … дня па …**

NA….DNYA NA….

Pour une semaine **На неделю**

NA NEDELYOU

Pour un mois **На месяц**

NA MESYATS

J'ai faim **Я голоден**

YA GOLODEN

Je veux boire **Я хочу пить**

YA XATCHUPYT

Femme **Женщина**

JENSHYNA

Homme **Мужчина**

MUJCHYNA

Manger **Есть**

YESTE

Boire **Пить**

PYT

Dormir **Спать**

SPAT

Parler **Говорить**

GOVORYT

Chat **Кошка**

KOCHKA

Chien **Собака**

SOBAKA

Touriste **Турист**

TOURYST

Tourisme **Туризм**

TOURYZM

Télévision **Телевизор**

TELEVYZOR

Internet code, login

Интернет пароль, логин интернет

INTERNET PAROL LOGIN

Se reposer **Отдохнуть**

DAXNOUT

Pourriez-vous m'accompagner à… ?

Не могли бы вы проводить меня до… ?

NYE MOGLY BY VY PROVODYT

MYNYA DO… ?

Dans le hall de l'hôtel **В холле гостиницы**

F XOLL GOSTINICHY

Nous ne savons pas ceci   Мы этого не знаем

MY ETOGO NE ZNAEM

Donnez-moi cela s'il vous plait

Дайте меня это, пожалуйста

DAYTE MYNYA ETA PAJALUYSTA

Montrez-moi cela s'il vous plait

Покажите меня это, пожалуйста

POKAJYTE MYNYAETA PAJALUSTA

Je serai bref en deux mots

Я буду краток в двух словах

YA BOUDU KRATOK FDVUYX SLOVAX

La chambre n'est pas prête ?

Комната еще не готова ?

KOMNATA YECHE NYE GATOVA ?

RUE улица ULYTSA

Commissariat de police **Полицейский участок**

POLYJKY UCHASTOK

Toilettes **Туалет**

TOUALET

Taxi **Такси**

TAKSY

Métro **Метро**

METRO

Théâtre **Театр**

TYATR

Restaurant **Ресторан**

RYSTORAN

Café **Кофе**

KAFE

Musée **Музей**

MOUZEY

Magasin **Магазин**

MAGAZYN

Office du Tourisme **Туристическое бюро**

TURYSTYCHESKOE BOURO

Pharmacie **Аптеку**

APTEKU

La Poste **Почту**

POCHTA

Supermarché **Супермаркет**

SOUPERMARKET

Hôpital **Больница**

BOLNYTSA

Eglises **Церковь**

TSERKOF

Place **Площадь**

PLOCHAD

Ruelle **Переулке**

PEREOULKE

Place Rouge **Красная Площадь**

KRASNAYA PLOCHAD

Place Rouge adresse et comment y arriver

Красная площадь адрес и как добраться

KRASNAYA PLOCHAD ADRESS

Y KAK DABRATSYA

Dites-moi qu'elle heure est-il ?

Скажите, пожалуйста, который час ?

SKAJYTE POJALUSTA F KOTORY CHAS ?

Que se passe-t-il ici ? Что здесь происходит ?

CHTO ZDYES PROYSXODYT ?

Panne, accident, avarie Авария

AVARYA

Pas très cher Не очень дорого

NE OTCHEN DOROGO

Petit prix, bas prix, bon marché, le moins cher Дёшево

DYOCHEVO

Amende **Штрафа**

CHTRAFA

Amendes **Штрафов - Штрафы**

CHTRAFOF ou **CHTRAFY**

S'ORIENTER DANS LA RUE

Où se trouve la banque la plus proche ?

Где находится ближайший банка ?

GDYE NAXODYTSYA BLIJAICHY BANKA ?

Chercher la direction **Поиск пути**

POYSK POUTI

Tournez à gauche **Поверните налево**

POVERNYTEPAVELO

Tournez à droite **Поверните направо**

POVERNYTE PAPRAVO

Retournez en arrière **Вернитесь назад**

VERNYTES NAZAD

En haut **Верху**

VERKOU

En bas **Внизу**

VNYZU

Loin **Далеко**

DALEKO

Près **Близко**

BLYZKO

En face **Напротив**

NAPROTYV

Devant **Передний**

PEREDNY

Derrière **ПОЗАДИ**

POZADY

Long (m) longue (f) **Длинный (длинная)**

DLINNIY   DLINAYA

Court (m) courte (f) **Короткий (короткая)**

KOROTKIY   KOROTKAYA

Où se trouve la banque la plus proche ?

Где находится ближайший банк ?

GDYE NAXODITSYA BLYJAYCHY BANK ?

Autour **Вокруг**

VOKROUG

Ici **Здесь**

SDYES

Là-bas **ТАМ**

TAM

Par ici **Поълизости**

PABLYZASTY

Là, par là **ТУДА**

TOUDA

Par ici **СЮДА**

SYOUDA

Partout **Всюда**

VSYOUDA

Nulle part **Никуда**

NYKOUDA

Partout **Везде**

VEZDE

Nous étions **Мы были**

MY BYLY

C'est trop cher   Это слишком дорого

ETA SLYCHKON DOROGA

Long (Longue)   Длинный (длинная)

DLINY (DLINAYA)

Court (courte)   Короткий (короткая)

KOROTKY (KOROTKAYA)

Venez ici   Идите сюда

YDYTE SYOUDA

Je ne vais nulle part   Я никуда не иду

YA NYKOUDA NE YDOU

Où (se situe)… ?   Где (находится)...?

GDYE (NAXRADYTSYA)… ?

A gauche ou à droite ?   Налево или Направо ?

NALEVA YLY NAPRAVA ?

Je cherche la rue…..   Я ищу улицу……..

YA YCHYOU OULYTSOU……….

Dans ces mêmes rues   На тех же улицах

NA TEX JE OULYTSAX

Viens avec moi dans la rue **Придешь за мной на улицу**

PRYDYOCH SO MNOY NA OULYTSA

La Terre **Землю**

ZYMLYA

Nulle part **Нигде**

NYGDYE

La première fois **На первое время**

NA PERFOE VREMYA

Pour la seconde fois du jour **В второе время дня**

FVTOROE VREMYA

Je peux **Я могу**

YA MAGOU

Tu peux **Ты можешь**

TY MOJECH

Je vais donner, je donnerai **Я буду давать**

YA BOUDOU DAVAT

Pas dans ce cas   **Не в этом дело**

Y NE FETOM DELA

Traduire **Перевод**

PYRYVOD

J'attendrai, je vais attendre **Я буду ждать**

YA BOUDOU JDAT

Souvent **Часто**

TCHASTO

Je te demande **Я тебе прошу**

YA TYBYA PROCHOU

Je demande **Я прошу, прошу**

YA PROCHOU

J'ai demandé :

(masculin) **Спросил** (féminin) **Спросила**

S"ROSYL, SPROSYLA

Extra **Экстра**

EXTRA

Si une telle chose, une fois cette chose **Раз такое дело**

RAZ TAKOE DELA

Je ne savais pas, je ne sais pas **Я не снал, я не знаю**

YA NE ZNAL, YA NE ZNAYOU

Pour, (pour, parce que subordonnée à la situation) **Чтобы**

CHTOVY

Tu te rappelles de moi ? **Помнишь Меня ?**

TY POMNYCH MYNYA

Il n'y avait personne **Никого не было**

NYKOGO NE BYLO

Je ne me souviens pas **Не помню**

YA NE POMNYOU

Je pense **Я подумаю**

YA PODOUMAYOU

Je ne crois pas, je ne suis pas sur **Я не уверен**

YA NE OUVEREN

Je ne suis pas sure de moi (féminin) **Я не верена**

YA NE OUVERENA

Je ne crois pas en vous, je ne suis pas sûr de vous

Я о вас неувераю

YA O VAS NE OUVERAYOU

C'est clair, c'est compris **Понятно**

PONYATNA

Je vous demande pardon **Прошу прошеня**

PROCHOU PROCHENYA

Pardon, je suis désolé **Извини**

IZVYNY

Pendant, pendant ce temps, au temps **Во время**

VO VREMYA

Encore une question **Еще один вопрос**

ECHE ODYN VOPROS

Je t'écoute **Я тебя слушаю**

YA TYBYA SLOUCHAYOU

Pourquoi **Зачем**

ZATCHEM

Dis moi où **Скажи куда**

SKAJY KOUDA

Cela n'annonce rien de bon **Это не к добру**

ETA NE KA DOBROU

Au marché **На рынка**

NA RYNKA

Venez avec nous **Приходите к нам**

PRYXODYTE KA NAM

Tu comprends **Ты понимаешь**

TY PONYMAECH

MUSEE Музей MOUZEY

S'il vous plait **Пожалуйста**

PAJALOUSTA

Toilettes **Туалет**

TOUALET

Où sont les toilettes ? **Где находится Туалет?**

GDYE NAXRADYTSYA TOUALET ?

Je ne suis encore allé nulle part **Я еще нигде не был**

YA ECHE NIGDYE NE BYL

Je suis déjà allé partout **Я уже был везде**

YA OUJE BYL VEZDE

Venez ici **Идите сюда**

IDYTE SYOUDA

Ceci est intéressant **Это интересно**

ETA INTERESNA

Rien d'intéressant **Ничего не интересно**

NICHEVO NE INTERESNO

Encore, encore temps Еще, еще время

ECHE, ECHE VREMYA

Bel endroit Красивое место

KRASYVAE MESTA

Très bel endroit Очень красивое место

OTCHEN KRASYVA MESTA

Je peux venir avec toi Я могу за тобой идти

YA MAGOU ZA TOBOY IDTY

Autour beaucoup de personnes

Вокруг много, очень много людей

VOKROUG MNOGO

OTCHEN MNOGO LYOUDEY

Beau, belle Красивый, Красивая

KRASIVY, KRASIVAYA

Pourquoi ? Зачем ?

ZATCHEM ?

Pourquoi ? Почему ?

PATCHEMOU ?

Je voudrais acheter un souvenir **Я хотел бы купить сувенир**

YA XOTEL BY KOUPIYT SOUVENYR

Il reste encore du temps **Еще есть время**

ECHE EST VREMYA

Quand fermez-vous ? **Когда вы закрываетесь ?**

KAGDA VY ZAKRYVAETE ?

Tout (m), toute (f), tous (pl) **Весь, Вся, Все**

VES, VSYA , VSE

Peu, un peu **Немного (мало)**

NEMHOGO (MALO)

Beaucoup, encore plus **Много, очень**

MNOGA, OTCHEN

Souvent **Часто**

TCHASTO

Après **Послее**

POSLE

Cela n'est pas pressé Это не к спеху

ETA NET K SPEXA

Après il sera trop tard После уж будет поздно

POSLE OUJ BOUDYT PAZDNA

Où n'avez-vous pas été ? **Куда бы вы не пошли**

KOUDA VUY NE POCHLY

Où ne suis-je pas allé ? **Куда бы я не пропал**

KOUDA BY YA NE PROPAL ?

Parce que **Потому что**

POTOMOU CHTO

Ensuite **Потом**

POTOM

Visite du musée **Посещение музей**

PYSYTETYLEY MOUZEY

Nous avions eu une visite spéciale du musée

У нас был особая экскурсия по подвалам музея

OU NAS BYL ASABAYA YKSKURSYA

PA PADVALAM MOUZEY

Attendons impatiemment Ждем завтрашнего

JDEM ZAVTRYCHENO

NON, J'ai changé d'avis Нет, Я передумал

NYET, YA PEREDOUMAL

C'est pour ça Именно на этом

YMENOU NA ETA

MAGASIN магазин MAGAZYN

Pourriez-vous parler moins vite ?

Не могли бы говорить помедленнее ?

NE MOGLY BY GOVORYT POMEDLENYE ?

Je ne comprends pas   **Я не понимаю**

YA NEPANYMAYOU

Répétez, s'il vous plaît   **Повторите, Пожалуйста**

VTORYTE PAJALUSTA

Je comprends   **Я понимаю**

YA PANYMAYOU

Ecrivez-le, s'il vous plaît   **Пожалуйста, напишите это**

PAJALOUSTA NAPICHYTE ETA

Pourriez-vous m'accompagner à... ?

Не могли бы вы проводить меня до... ?

NE MOGLY BY VY PROVODYT MYNYA DO... ?

En vitrine **В витрине**

F VYTRYNE

Pas très cher **Не очень дорого**

NE OTCHEN DOROGO

Petit prix, bas prix, bon marché, le moins cher **Дёшево**

DYOCHEVO

Laisser regarder **Пуст смотрят**

POUST SMOTRYAT

Six paires de la même taille, tout ceci dans la même taille

шесть пар обуви до этого,

все одного и того же размера

CHEST PAR OBOUVY DO ETOGO,

VSE ODNOGO Y TOGO JE RAZMERA

Taille **Размера**

RAZMERA

Chaussures **Обуви**

OBOUVY

Robe **Платье**

PLATYE

Marché **Рынок**

RYNOK

Combien coûte, Combien ça coûte ?

сколько стоит ? Сколько это стоит ?

SKOLKA STOYT ? SKOLKA ETA STOYT ?

Je voudrais acheter **Я бы хотел купить**

YA BY XOTEL KOUPYT

Je veux **Я хочу**

YA XATCHOU

J'achète **Покупаю**

POKUPAYOU

Vous acceptez les cartes de crédit ?

Вы принимаете кредитные карточки ?

VUY PRINYMAYTE KREDITE KARTOCHKY ?

D'usage plus courant : Prenez-vous la carte visa ?

Вы принимаете виза карта ?

VUY PRINYMAYTE VYZA KARTA ?

Je peux éssayer ceci ? Могу я это примерить?

MAGOU YA ETA PRIMERYT ?

Puis-je regarder ? Я можно посмотреть ?

YA MOJNA PASSMATRYT ?

Je souhaiterais regarder Я хотел посмотреть

YA XOTEL PASSMATRYT

Je voudrais beaucoup regarder Я очень хочу посмотреть

YA OTCHEN XATCHOU PASSMATRYT

Puis-je acheter ? **Можно купить ?**

MOJNO KOUPYT ?

Ouvert **Открыто**

OTKRYTA

Fermé **Закрыто**

ZAKRYTA

Chemise **Рубашку**

ROUBACHKU

Puis-je acheter ce produit ? **Могу ли я купить этот продукт ?**

MAGOU LY YA KOUPYT ETOT PRODUKT ?

Puis-je goûter (est-il possible d'essayer) ? **Можно попробовать ?**

MOJNO PAPRABOVAT ?

Chaussures pour femme **Туфлях**

TUFLIEX

Pantalons **Штаны**

CHTANY

Magasin de vêtements Магазин одежды

Magasin de vêtements **Магазин одежды**

MAGAZYNA ADYEJDE

Je veux vérifier avec le vendeur **Хочу уточнить у продавца**

XOTCHU UTOCHNYT OU PRADAVTSA

Vous ne pouvez pas me montrer un assortiment ?

Не могли бы Вы показать мне ассортимент ?

NE MOGLY BY VY PAKAZAT

MYNYA ASSORTIMENT?

Je suis intéressé à acheter votre produit (s),
mais je pense que le prix est trop élevé

**Я заинтересован в покупке вашего товара(ов),
но считаю, что цена высоковата**

YA ZINTIRESOVAN F PAKUPKYE

VACHEVA TOVARA (TOVAROF)

NO TSYTAYOU CHTO TSENU VSYKAVATA

Prix très élevé **Цена высоковата**

TSENA VSYKAVATA

Grande **Высоковата**

VSYKAVATA

Pas d'erreurs **Нет ошибки**

NYET OCHYBKY

Ainsi c'est parfait **Вот так правильно**

VOT TAK PRAVYLNA

C'est étonnamment un bon prix

Это удивительно выгодная цена

ETA UDIVYTELNA VYGADNU TSENU

Il n'a pas parlé d'acheter **Он даже не говорил о покупке**

ON DAJE NE GOVORYL O PAKOUPKYE

Clairement, on parle de location, pas d'achat

**Ясно, что мы говорим о аренде,
а не о покупке**

YASNA CHTO MY GOVORYM O ARIENDE,

A NE O PAKOUPKYE

Je dois voir ceci **Я надо это видеть**

YA NADO ETA VYDET

Par exemple **Например**

NAPRYMER

Surprenant, étonnant **Замечательно**

ZAMYTCHATELNA

Où se trouve la cabine d'essayage ? **Где примерочная кабина ?**

GDYE PRYMEGOTSNAYA KABYNA ?

Je fais la taille 42, 44, 48… **У меня 42,44,48… размер**

OU MYNYA 42,44,48.. RAZMER

Taille **размер**

RAZMER

C'est très cher **Это слишком дорого**

ETA SLYCHKOM DOROGA

Combien cela coûte t il ? Сколько это стоит ?

SKALKA ETA STOYTE ?

C'est cher   Это дорого

ETA DORAGA

C'est bon marché   Это дёшево

ETA DYCHEVNA

Taille des vêtements   Размер одежды

RAZMER ADYEJDY

Taille (hauteur d'une personne) ¨Рост

ROST

Combien coûte ?   Сколько стоит ?

SKALKA STOYTE ?

Combien coûte seulement un   Сколько стоит один пожалуйста

SKALKA STOYTE ADYN PAJALUSTA

Terminer   Закончился

ZAKONSYLCHYA

Collants (feminins) **Колготки**

KALGADKY

C'est **original** Это оригинально

ETA ORYGYNALNO

La cabine est ouverte ou fermée comme il vous plaira

кабина открыта или закрыта, как вам нравится

KABYNA ATKRYTKA YLY

ZAKROYTKA, KAK VAM NRAVYTSYA

Excusez-moi, combien coûte ceci en vitrine ?

Простите, сколько стоит так в витрине?

PRASTYTE SAKALKA STOYTE

TAK F VYTRYNE

Comme les spécimens en vitrine **Как образцы в витринах**

KAK OBRATSY F VITRYNAX

Emballage cadeau **Упаковка подарков**

OUPAKOPKA PADAROK

Grand paquet   Большой пакет

BOLCHOY PAKET

Avec un grand sac   С большим мешком

С BOLCHYMMYSCHKOM

Je serai content(e) de parler de la taille

Я буду рад(а) поговорить о размер

YA BOUDOU RAD(A)

(masculin ou féminin)

PAGOVORYTE O RAZMYR

RESTAURANT Ресторан RISTORAN

Je voudrais commander (masculin / féminin)

Я хотел бы/хотела бы заказать

YA XOTEL BY / (XATELA) BY ZAKAZAT

L'addition s'il vous plait   Пожалуйста, принесите счет

PAJALOUSTA PRINESYTE TSET

Serveur l'addition s'il vous plait

Официант, счёт, пожалуйста

OFITSYANT TCHET PAJALUSTA

Avez-vous.... ?   У вас есть...

OU VAS YEST... ?

Avez-vous une table pour deux ?   У вас есть столик на двоих ?

OU VAS YEST CTOLYK DLYA DVUYX ?

Déjeuner **Обед**

ABIED

Dîner **Ужин**

OUJYN

Au diner **На обеде**

NA ABYEDE

Je préfère les plats végétariens **Я предпочитаю вегетарианские**

YA PRIDOSTYTAYOU VEGUETARYANSKY

Végétarien **Вегетарианский**

VEGUETARYANSKY

Pain **Хлеб**

XLEV

Boisson **Напиток**

NAPYTOK

Café **Кофе**

KOFE

Lait Молоко

MOLOKO

Un café au lait, s'il vous plaît Кофе с молоком, пожалуйста

KOFE S MOLOKOM PAJALUSTA

Sandwich Сэндвичи

SYNDUITSY

Jus Сок

COK

Eau Вода

VADA

Biere Пиво

PYVA

Je prendrai une chope de bière Я возьму кружку пива

YA VAZMOU KRUJKU PYVA

Vin blanc Белое вино

BELOYE VYNO

Vin rouge Красное Вино

KRASNAE VYNO

Sel **Соль**

SOL

Soupe **Суп**

SOYP

Raviolis aux légumes **Вареники**

VARENKY

Raviolis à la viande **Пельмени**

PELMENY

Poivre **Перец**

PERETS

Viande **Мясо**

MYASA

Salade au poulet **Курица салат**

KURYTSA SALAT

Brochettes **Шашлык**

CHACHLYK

Bœuf Говядина

GAVIADYNA

Porc Свинина

SVINYNA

Poisson Рыба

RYBA

Volaille Птица

PTYTSA

Légumes Овощи

OVOUCHKY

Fruits фрукты

FROUTKY

Pommes de terre Картофель

KARTOFYL

Salade Салат

SALAT

Excusez-moi, mais ce plat est trop piquant

Извините, но это блюдо слишком острое

IZBINITYE NO ETA BLYOUDA
SLYCHKOM OSTROY

C'est bon, cela à bon goût Так вкусно

TAK BKOUSNA

Glaçons Лёд

LYED

Très chaud, chaud ou tiède, froid

Горячий, Тёплый, Холодный

GORYACHY, TEPLOY, XOLODNY

Dessert (sucré) Десерт (сладкое)

DYSERT (SLADKYE)

Glace Мороженое

MOROJENOE

Rôti, rosbiff Ростбиф

RASTBYF

Oufs de poisson **Икра**

YKRA

Thé **чай**

TCHAY

Un thé sucré, Un thé sans sucre

Чай с сахаром. Чай без сахара

TCHAY S SAXAROM, TCHAY BYZ SAXARA

Cuillère **Ложка**

LOJKA

Fourchette **Вилка**

VYLKA

Couteau **Нож**

NOX

Assiette **Тарелка**

TARYLKA

Verre **Стакан**

STAKAN

Bouteille **Бутылку**

BUTYLKOU

Table **Стол**

STOL

Plat du jour **Сегодняшний**

SYGODNYACHY

Pas trop salé, (ou) trop salé

Не слишком соленая, слишком соленая

NYE SLYCHKOM SALYOUNA,

ou **SLYCHKOM SALYOUNA**

Sur son conseil **По егу совето**

PO EGO SOVETO

Bon je file, je suis pressé **Ну, я лечу, тороплюсь**

NOU, YA LYTCHOU TARAPLYOUS

Verre de vin **Бокал вино**

BOKAL VYNA

Sandwich **Бутерброды**

BOUTYBRAD

Eau froide **Холодной воды**

XOLODNOY VADA

Voir, regarder **Смотреть**

SMATRYT

Allez-y **Зайдите**

ZAYDYTE

Les gens veulent **Люди хотят**

LYOUDEY XOTYAT

Tu es ce que tu manges **Ты то, что ты ешь**

TY TO CHTO TY YECH

Tu manges **Ты ешь**

TY YECH

Tu manges ce genre de fromage ? **Ты ешь такой сыр ?**

TY YECH TAKOY SYR

Les verres pour le vin rouge ont une forme plus arrondie

Бокалы для красного вина обладают более округлыми формами.

Il arrive très fréquemment de trouver un seul type de verre parfois très joli, faites bonne figure où bien demandez ;

Verre pour le vin rouge   **Бокал для белого вина**

BOKAL DLYA BYLABA VYNA

Un grand verre de vin blanc   **Большой бокал белого вина**

BOLCHOY BAKAL BYLAVA VYNA

Ne pas confondre avec le mot « erreur » qui se prononce pareil :

Ce n'est pas ton erreur   **Это не твоя вина**

ETA NET TVAYA VYNA

Verre d'eau   **Стакал вода**

CTAKAL VADA

CONVERSATION FAMILIALE COURANTE

Femme épouse **Жена**

JENA

Fille **Дочь** ou **Дочка**

DOTCH ou **DOCHKA**

Fils **Сын**

SYN

Mari, époux **Муж**

MOUJ

Mère **Мать**

MAT

Maman **Мама**

MAMA

Père **Отец**

ATETS

Papa **папа**

PAPA

Grand-père **Дедушка**

DEDOUCHKA

Grand-mère **Бабушка**

BABOUCHKA

Ami au masculin **Друг**

DROUG

Amie au féminin **Подруга**

PADROUGA

Un gars, un mec, mon mec **Парен**

PAREN

Mariage **Брак**

BRAK

Petite fille, jeune fille

Молодая Девочка, Девочка

MALADAYA DYVOCHKA,

DYVOCHKA

Jeune garçon, jeune homme

Маленький Мальчик, Мальчик

MALINKY MALCHIK, MALCHIK

Afin de vous familiariser es déclinaisons d'un même mot ;

Tantes et oncles Тети и Дяди
TETY Y DYEDY

Oncles et Tantes Тетушки и Дядюшки
TYOTOUCHKY Y DYADOUCHKY

Divorce Развóд, **Развода**
RAZVOD, RAZVODA

Oncles et tantes, mesdames et messieurs
Тетушки и Дядюшки, Дамы и Господа
TYOTOUCHKY Y DYADOUCHKY, DAMY Y GASPADA

Oncle et tante Дяде и Тете
DYADYE Y TETYE

Ses oncle et tante С воих Дядей и Тетей
SVOYX DYADEY Y TYOTEY

Oncles et tantes Дядями и Тетями
DYOMY Y TETYAMY

Entre oncles et tantes

Между Дядями и Тетями

MYJDOU DYADYAMY Y TYOTYAMY

Oncle et tante **Дядюшка и Тетушка**

(petit oncle et petite tante – familier)

DYADYOUCHKA Y TYOTYOUCHKA

Famille proche **Близкие Родственники**

BLYSKY ROUTSVENYKYE

Vous êtes une famille proche **Вы дружная семья**

(Sympathique, unie, amicale)

VUY DROUJNAYA SYMYA

Célibataire ou pas marié **Холост или не Женат**

XOLOST YLY NYE JENAT

Famille **Семьи**

SYMYE

Au mariage, a la noce **На свадьба**

NA SVABDYE

Conjoint **Супруг**

SOUPRUG

Merci pour ce que vous êtes **Спасибо что ты есть**

SPASYBO CHTO TY EST

Merci pour ce que tu es pour moi

(pour ton attention à mon égard)

Спасибо что ты есть у меня

SPASYBO CHTO TY EST OU MYNYA

Bon anniversaire **С день рождения**

SDEN RAJDENYA

Que le seigneur soit avec toi **Господь с Тобой**

GASPOD S TOBOY

Respectables amis et invités **Уважаемые друзья и гости**

OUVAJENYE DROUZYA Y GOSTY

Santé **Здоровья**

ZDOROVYA

Bonheur **Счастье**

SCHASTYE

Meilleur choix (mieux choisir) **Лучше выбрать**

LOUCHE VYBRAT

Dis-moi **Раскажи Меня**

RASKAJY MYNYA

Comment sais-tu, où tu as su cela ? **Откуда ты знаешь ?**

OTKOUDA TY ZNAECH

Je ne peux rien **Пока ничево не могу**

PAKA NYTCHEVO NE MAGOU

Avec honnêteté, en toute franchise

Если честно

YESLY CHESTNA

Je vais **Иду**

YDOU

Chaque mot Каждому Слово

KAJDOMOU SLOVO

Presque toujours Почти Всегда

POCHTY VSYGDA

Rarement, de temps en temps Изредка

YZREDKA

Souvent Часто

TCHASTO

Pas souvent, rarement Не часто

NE TCHASTO

Selon votre exemple По вашему примеру

PO VACHEMOU PRYMEROU

Cela se produit, cela arrive Бывает

BYVAYET

Cela arrive rarement Редко Бывает

REDKA BYVAET

Faire Сделал

ZDELAL

Je savais, je sais **Я знал я знаю**

YA ZNAL, YA ZNAYOU

Je l'avais lu, je le lis **Я читал я читаю**

YA STYTAL, TSYTAYOU

Tu seras mon, tu seras mien **Ты будешь моей**

TY BOUDYCH MOY

Dis-Moi **Раскажи мне**

RASKAJY MYNYA

L'année dernière **Прошлом Году**

PROCHLOM GODOU

Lettre **Письмо**

PYSMA

Après ceci **После Этого**

POSLE ETOGO

Rien **Ничево**

NYTCHEVO

Le passé **Прошлому**

PROCHLOMOU

Nous n'avons besoin de personne **Никому то мы не нужны**

NYKOMOU MY NE NOUJNY

Pour telle question **А по такому вопросу**

A PO TAKOMOU VOPROSOU

Sois **Будт**

BOUT

Pas difficile de vous souvenir **Не сложно запомните**

NYE SLOJNA ZAPOMNYTE

C'est un de ces jours **В один из таких дней**

F ODYN YZ TAKYX DNEY

De retour à la maison **Вернутся домой**

VERNOUTSYA DOMOY

Je mange **Я ем**

YA YEM

129

Tu manges **Ты ешь**

TY YECH

Impôts **Налоги**

NALOGY

Et en général **И вообще**

Y VOOBCHE

Attendre Подождать

PODOJDAT

Je lis votre message **Я читаю ваше сообщение**

YA CHYTAYOU VACHE APCHENYE

Je voudrais avoir de toi **Я как бы тебя**

YA KAK BY TYBYA

Cela signifie attendre un peu **Značit podojdat nemnogo**

ZNACHYT PODOJDAT NEMNOGA

Je ne me rappelle pas la réponse **Не помню ответ**

YA NE POMNYOU ATVYET

En aucune façon **Никак**

NYKAK

Allez-y **Зайдите**

ZAYDYTE

Jusqu'à **До**

DO

Etre **Быт**

BYT

POSTE почта POCHTA

Bureau de Poste **Почтовая**

POCHTAVAYA

La Poste **Почта**

POCHTA

Timbre Poste **Почтовая Марка**

POCHTAVAYA MARKA

Timbre, timbres **Марка, Марки**

MARKA, MARKY

Courrier **Пысмо**

PYSMO

Paquet **Пакет**

PAKET

Envoyez-le-moi **Пришлите его ко мне**

PRYCHLYTE EGO KA MNE

Pouvez-vous répéter, s'il vous plaît ?

Вы можете повторить, пожалуйста?

VUY MOYJEYTE PAVTORYT, PAJALOUSTA

Heures d'ouverture Часы работы

CHASY RABOTY

Tu penses que cela vaut combien

Ты же думаешь, оно того стоит

TY JE DUMAECH ANO STAVO STOYOUT

LES MOIS месяцы MISIETSY

Il y a douze mois dans l'année В году́ двена́дцать ме́сяцев

F GODOU DVENATSAT MYSYATSEV

Quel mois sommes-nous maintenant Како́й Сейча́с Ме́сяц

KAKOY SYTCHAS MISYATS

Janvier Янва́рь

YANVAR

Février Февра́ль

FYVRAL

Mars Март

MART

Avril Апре́ль

APRYEL

Mai Май

MAY

Juin Ию́нь

YOUN

Juillet Ию́ль

YOUL

Août А́вгуст

AVGOUST

Septembre Сентя́брь

SYNTYABR

Octobre Октя́брь

AKTYABR

Novembre Ноя́брь

NAYABR

Décembre Дека́брь

DYKABR

Quelle date sommes-nous aujourd'hui ? **Какое сегодня число?**

KAKOE   VREMYA   CHYSLA ?

Quel jour sommes-nous aujourd'hui ? **Какой сегодня день ?**

KAKOY   SYVODNYA   DEN ?

Quel temps fera-t-il demain ? **Какая будет завтра погода ?**

KAKAYA   BOUDET   ZAVTRA   POGODA ?

Jours de la semaine   Дни недели

DNY NYDELY

Lundi   Понеде́льник

PANIDIELNYK

Mardi   Вто́рник

FTORNIK

Mercredi   Среда́

SRYDA

Jeudi   Четве́рг

TCHITVYERT

Vendredi   Пя́тница

PIATNYTSA

Samedi   Суббо́та

SOUBOTA

Dimanche   Воскресе́нье

VASKRISIENYE

Jours   ДНЯ

DNYA

Semaine **Неделя**

NYDYELA

Mois **Месяц**

MESYAT

Journées **Дней**

DNEY

Année **Год**

GODA

Aujourd'hui **Сегодня**

SYVODNYA

Demain – Après demain

Завтра - Послезавтра

После того, как завтра

ZAVTRA – POZLEZAVTRA

POZLE TAVO KAK ZAVTRA

Hier – avant-hier **Вчера - позавчера**

FCHIERA – POZAFCHIERA

Saison de l'année **Времена́ го́да**

VREMYA GODA

Printemps **Весна́**

VESNA

Eté **Ле́то**

LETO

Automne **О́сень**

OSSEN

Hiver **Зима́**

ZYMA

Le temps qu'il fait (intempéries) **Погода**

PAGODA

LE LOCATIF DE TEMPS

Le locatif est l'expression consacrée pour les compléments de temps, années, mois et heures à l'exception des semaines :

L'année dernière, l'année passée **В прошлом году**

    F PROCHLOM GADOU

Cette année **В этом году**

    FTOM GADOU

L'année prochaine **В будушем году**

    FBOUDOUCHYEM GADOU

Le mois passé, le mois dernier **В прошлом месяце**

    PROCHLOM MYESETSE

Ce mois-ci **В этом месяце**

    FTOM MYESETSE

Le mois prochain **В будушем месяце**

    BOUDOUCHYEM MYESIATSE

LES HEURES ET DATES

Quelle heure il est ? **Который час ?**

F KOTORY TCHAS ?

Midi Trente **Двенадцать Тридцать**

DVYNATSAT TRYDSTAT

Minuit Trente (nuit) **Двенадцать Тридцать (ночи)**

DVYNATSAT TRYDSTAT NOCHY

Midi moins quart **Сорок пять полдень**

SOROK PYAT POLDYEN

Minuit, pleine nuit, toute la nuit **Полночь**

POLNOCHYOU

Une, deux ou trois heures quarante cinq

Час, две, три… Сорок

TCHAS, DVE, TRY…COROK

Trois heures et quart **Три часа пятнадцать минут**

TRY TCHASA PYATNADTSAT MYNOUT

Onze heures trente (onze heures et la demi)

одиннадцать часов тридцать минут
(одиннадцать с половиной)

ODYNATSAT TCHASOV TRYDTSAT MINOUT

(ODYNATSAT POLOVYNOY)

Un de ces jours   На днях

NA DNYAX

Jusqu'à l'aube   До заре

NA ZARYE

Au matin   До утра

DA OUTRA

Exemple pour signifier en particulier « LE » pour chaque jour spécifique : Le lundi, mardi, mercredi, jeudi, vendredi, samedi, dimanche…**Rajouter le V prononcer F**

Rendez-vous lundi   Увидимся в понедельник

UVIDYMCYA F PANIDIELNYK

Le Lundi   В понедельник

F PANIDIELNYK

Le Mardi   Во вторник

F FTORNYK

Le Mercredi **В сре́ду**

F SRYDA

Le Jeudi **В четве́рг**

F TCHYTVYERT

Le Vendredi **В пя́тницу**

F PYATNYTSA

Le Samedi **В суббо́ту**

F SUOBOTA

Le Dimanche **В воскресе́нье**

F VASKRISYENYE

Vous avez rendez-vous et moi aussi

У вас свидание, и у меня тоже

OU VAS ZVYDANYE, Y OU MYNYA TOJE

Plus Tard **Попозже**

POPOZJE

Les derniers temps, après du temps **Последнее время**

POSLYDNYE VREMYA

Je ne pensais pas que nous avions rendez-vous aujourd'hui

Я не думал, что у нас была запланирована встреча

YA NE DOUMAL, CHTO OU NAS PLANYROVNA VSTRYECHA

Pour exprimer chaque lundi, mardi, mercredi, jeudi, vendredi, samedi, dimanche Rajouter **KAJDY** ou **KAJDUYU** exemple :

Chaque lundi   Ка́ждый понеде́льник

KAJDY PANIDIELNYK

Chaque Mardi   Ка́ждый вто́рник

KAJDY FTORNIK

Chaque mercredi   Ка́ждую сре́ду

KAJDYOU SRYDA

Chaque jeudi   Ка́ждый четве́рг

KAJDY TCHYTVYERT

Chaque Vendredi   Ка́ждую пя́тницу

KAJDYOU PYATNYTSA

Chaque Samedi   Ка́ждую суббо́ту

KAJDYOU SOUBOTOU

Chaque Dimanche **Ка́ждое воскресе́нье**

KAJDOE VASKRISYENYE

Chaque dimanche **Ка́ждое воскресе́нье**

KAJDOE VASKRESENYE

La notion de temps peut être exprimée sous de nombreuses formes :

Sous peu de temps **В ближайшее время**

F BLYJAYCHYE VREMYA

La semaine dernière **На прошлой неделе**

NA PRACHLOY NYEDELY

Cette semaine **На этой неделе**

NA YTOY NYEDELY

La semaine prochaine **На будущей неделе**

NA BOUDUCHYE NYEDELY

Un de ces jours **На днях**

NA DNYAX

Dans le futur **На будущей**

NA BOUDUCHYE

A l'aube, (demain matin) **На заре**

NA ZARYE

Pour rien au monde, (jamais) **Ни за что на свете**

NY ZA CHTO NA SVYETE

Jamais **Никогда**

NYKAGDA

Bientôt **Скоро**

SKOURU

Excusez-moi pour ceci, mais j'ai bientôt un rendez-vous

Это вы простите, но у меня скоро встреча

ETA BUY PRASTYTE,

NO OU MYNYA SKOUROU VSTRYECHA

A mon grand regret **К сожалению**

K SAJALENYA

Au service **На службе**

NA SLOUJBA

Au travail **На работе**

NA RABOTE

Temps, heures de travail **Рабочие Сутки**

RABOTCHE SOUTKY

Avant-hier **Позавчера**

POZAVTCHYERA

La dernière fois **Лез прошлый раз**

LYZ PROCHYL RAZ

Complètement **Полностью**

POLNOSTYOU

Le pronom-adjectif indéfini quelque chose ;

Une certaine chose....**Некоторый**

NEKOTORY

Une fois ceci **Раз такое дела**

RAZ TAKOE DELA

Juste une fois **Так раз**

TAK RAZ

Paire de jours **Пару дней**

PAROU DNEY

USAGES

N'utilisez que les noms de professions au masculin, il n'est pas d'usage de les féminiser car il n'existe pas de genre féminin d'équivalence systématique.

Un journaliste **Журналист**

JOURNALIST

Un pilote **Пилот**

PILOT

Un docteur **Врач**

VRATCH

Docteur seconde version **Доктор**

DAKTAR

Docteurs au pluriel, hommes ou femmes **Врачов**

VRATCHOV

Une infirmière **Медсестра**

MIDSYSTRA

Une caissière **Кассира**

KASSYRA

(que ce soit homme ou femme)

Spécialiste Спецалисть

SPETSYALIST

Une femme officier Женщина-офицер

ZHENSHYNA OFYTSER

Un travailleur Работник

RABOTNYK

Employé Сотрудник

SATROUDNYK

Ingénieur Инженёр

INJENER

Vous travaillez dans cette clinique ?

Вы работаете в этой гостинице

VUY RABOTAETE FTOY GASTYNYTSA ?

Vous travaillez ici ou pas ?

Работаете вы здесь или нет ?

RABOTAETE VY SDYES YLY NET ?

Travailleur ou Employé **Рабо́тник или Сотрудник**

RABOTNYK YLY SATROUDNYK

Carriériste **Карьериста**

KARERYSTA

Subordonné **Подчинённым**

PODCHYNYOMNY

Chef, supérieur **Начальником**

NACHYELNIKOM

LA PRONONCIATION DES CHIFFRES ET DES NOMBRES

L'exercice des nombres est le plus difficile à acquérir, voici les premiers :

0	Нуль	NOUL
1	Один	ADYN
1 - один/раз ADYN / RAZ (1 Seule fois)		
2	два	DVA
3	три	TRY
4	четыре	TSITIRY
5	пять	PYAT
6	шесть	TCHEST
7	семь	SYM
8	восемь	VOSYM
9	девять	DIEVYT
10	десять	DIESYT

Les nombres de 11 à 19 se forment en ajoutant le suffixe :

Надцать NATSAT

	Cyrillique	Phonétique
11	Одинадцать	ADYNATSAT
12	Двенадцать	DVENATSAT
13	Тринадцать	TRYNATSAT
14	Четырнадцать	CHYTYRNATSAT
15	Пятнадцать	PYTNATSAT
16	Шестнадцать	TCHESNATSAT
17	Семнадцать	SYMNATSAT
18	Восемнадцать	VASYMNATSAT
19	Девятнадцать	DYVYNATSAT

Les dizaines se forment en ajoutant :

Цать TSAT ou Десят DYSYAT

A la fin du mot, sauf pour « 40 » et « 90 » qui sont des exceptions :

Десят DYSYAT

	Cyrillique	Phonétique
20	Двадцать	DVATSAT
30	Тридцать	TRYTSAT
40	Сорок	SORAK
50	Пятьдесят	PYDYSYAT
60	Шестьдесят	CHYSDYSYAT
70	Семьдесят	SEMDYSYAT
80	Восемьдесят	VOSYMDYSYAT
90	Девяносто	DYVYANOSTA

Spécificité des centaines :

	Cyrillique	Phonétique
100	сто	STO
200	двести	DVESTY
300	триста	TRYSTA
400	четыреста	TSHETYRYSTA
500	пятьсот	PYATSSOT
600	шестьсот	CHESSOT
700	семьсот	SEMSSOT
800	восемьсот	VASEMSSOT
900	девятьсот	DYVYATSSOT

Spécificité des nombres supérieurs :

Тысяча TYSYATSA

1.000	Тысяча (одна)	TYSYATSA (nom féminin)
2.000	две тысячи	DVE TYSYATSY
3.000	три тысячи	TRY TYSYATSY
4.000	четыре тысячи	TCHETIRY TYSYATSY
5.000	пять тысяч	PYAT TYSYATSY
1.000.000	миллион	MYLLYON
1.000.000.000	миллиард	MYLLYARD

A nouveau les exceptions particulières des dizaines suivantes :

	Cyrillique	Phonétique
40	Сорок	SORAK
90	Девяносто	DYVYANOSTA

	Cyrillique	Phonétique
40.000	Сорок Тысяч	SORAK TYSYATSY
90.000	Девяносто Тысяч	DYVYANOSTA TYSYATSY

C'est une grosse somme d'argent   Это большая сумма денег

ETA BOLCHAY SOUM DYENYG

Somme importante, considérable, conséquente

Значительную Сумму

ZACHYTYELNOU SOUMOU

Rembourser la dette   Что выплатит долг

CHTO VYPLATYT DOLG

La notion de pourcentage :

Quatre-vingt quinze pour cent **Девяносто Пять Процентов**

DYVYANOSTA PYAT PURTSENTOF

La taux d'intérêt **Процентная Ставка**

PROTSENTNAYA STAVKA

Le taux d'intérêt annuel **Процент Годовых**

PTOTSENT GODOVYX

Le taux de pourcentage mensuel **Месяц Процентов**

MYTSYATS PROTSENTOV

Montant du prêt **Сумме Кредита**

SOUMA KREDYTA

Constitue un maximum **Является Максимальной**

YEBLYAETSYA MAXIMALNYE

Pour les notions chiffrées de tantièmes, de parts :

Différentes parts **Различных Частях**

RASLYCHNYX TCHYSTYAX

Une part **Част**

TCHAST

ETAGES

Pour les étages d'immeubles ou parkings dans ce dernier cas on rajoutera étaje **ETAJ.**

Etage Этаж

ETAJ

Premier étage **Первый Этаж**

PERFY ETAJ

Second étage **Второй Этаж**

FTOROY ETAJ

Troisième étage **Третий Этаж**

TRETY ETAJ

Quatrième étage **Четвёртый Этаж**

TSETVETRY ETAJ

Et ainsi e suite……

Etage de l'hôtel **Этажный Отель**

ETAJY XOTEL

	Russe	Français	Prononciation
1	первый	premier	PERFY
2	второй	deuxième	FTOROY
3	третий	troisième	TRETY
4	четвёртый	quatrième	TSETVETRY
5	пятый	cinquième	PIATY
6	шестой	sixième	CHESTOY
7	седьмой	septième	SEDMOY
8	восьмой	huitième	VOSMOY
9	девятый	neuvième	DEVIATY
10	десятый	dixième	DECIATY
11	одиннадцатый	onzième	ODINADTSATY
12	двенадцатый	douzième	DVENADTSATY
13	тринадцатый	treizième	TRINADTSATY
14	четырнадцатый	quatorzième	STYTYRNADTSATY
15	пятнадцатый	quinzième	PIATDNATSATY
16	шестнадцатый	seizième	CHETSNADTSATY
17	семнадцатый	dix-septième	SIMNADTSATY
18	восемнадцатый	dix-huitième	VOSEMNADTSATY
19	девятнадцатый	dix-neuvième	DIVIATNADTSATY
20	двадцатый	vingtième	DVATSATY

Escaliers Лестницы

LYSNYTSY

Ascenseur Лифт

LYFT

Escalator Экскалатор

ESCALATOR

Elevés Высоких

VYSOKYX

Elevé, (en hauteur, grand, haut) Высокому

VYSAKOMOU

Dans les étages По Этажам

PO ETAJAM

Sortie la plus proche Ближайшему Выходу

BLYJAYCHEMOU VYXODOU

> **Phrases et mots
> dont vous pourriez avoir besoin pour
> la communication écrite**

Quelques phrases et expressions fréquentes dont vous pourriez avoir besoin dans le dialogue commun.

Частые фразы, которые могут вам понадобиться в обычном общение.

Introduction :

Communiquer en langue russe

Общение на Русском Языке

ABCHENYE NA ROUSKOM YAZYCHKE

Je sais que vous préférez le thé vert,

mais leur thé noir est à tuer (à mourir).

Я знаю, что ты пьешь только зеленый,

но за их черный чай можно убить.

YA ZNAYOU CHTO TY PYECH TALKA ZYLYONE,

NO ZA YX TCHORNYE TCHAY MOJNA OUBYT

Souhaits, vœux et d'anniversaires :

Je vous souhaite une bonne santé, bonne chance, la prospérité, le bonheur, la joie, l'amour, le bonheur, la santé ... et tout le meilleur - je souhaite que tous vos rêves pour ... surprises qui vous entourent que les bons et les bonnes personnes. ... Expérience brillant et inoubliable, le succès dans toutes vos entreprises.

Желаю крепкого здоровья, удачи, благополучия, добра, радости, любви, счастья, ... здоровья и всего наилучшего — я желаю, чтобы сбывались все мечты, чтобы ... неожиданностей, чтобы Вас окружали только добрые и нужные люди. ... ярких и незабываемых впечатлений, успехов во всех твоих начинаниях.

Bonne chance, bonne santé et jours de soleil.

Успехов, здоровья и солнечных дней!

OUSPEXOV, ZDOROVYA Y SOLECHNYX DNEY

Je vous souhaite une bonne santé, le bonheur, la chance, l'amour, et les succès les plus créatifs les victoires personnelles, l'harmonie dans la vie, tout le meilleur pour vous.

Желаю Вам крепкого здоровья, счастья, удачи, любви, дальнейших творческих успехов, личных побед, гармонии в жизни, всего Вам самого

Sincèrement de toute mon âme et honnêtement du cœur, je te souhaite tous les succès dans le travail, bonne chance dans la vie.

Я тебя искренне от всей души и от чистого сердца поздравляю со ... Желаю тебе успехов в творчестве, удачи по жизни.

Je vous souhait beaucoup de succès

Желаю вам больших успехов

J'ai essayé de te faire ressentir ce que je ressens
Я бы постаралась заставить тебя почувствовать то, что я чувствую

Chaque personne est unique et diffère des autres
Каждый человек уникален и отличается от других

Je peux encore une fois vous dire des mots de gratitude
Можно ещё много сказать слов благодарности

Tout le meilleur
Всего самого налушего

De toute mon âme je souhaite le bonheur, la sante, ce qu'il y a de mieux, tout le meilleur, les succès au travail et succès dans la carrière
От всей души поздравляю желаю счастье здоровья всех благ и всего самого налушего удачи в работе успехов в карьерном

Succès dans la carrière
Успехов в карьерном

Je te souhaite que tout se passe bien, que tu finisses bien à l'école, qua tu ailles à l'université et obtiennes le travail de tes rêves

Я желаю тебе, что бы все получилось у тебя и ты хорошо закончил школу, поступил в университет и получил работу твоей мечты.

Le seigneur, dieu est avec vous
Господь с вам

Sélectionnez la catégorie dans laquelle vous voulez insérer une annonce
Выберите раздел, в который вы хотите подать объявление

Quelle carte mémoire choisir ?
Какую карту памяти выбрать ?

Aussi quelques informations peuvent
Также некоторую информацию можно

Quel livre voulez-vous ? Un comme ça ?
Какую книгу вы хотите ? Такую ?

L'adjectif такой signifie tel, semblable, comme ça, mais aussi tellement, ou si, lorsqu'il est suivi d'un autre adjectif.

Tu es tellement grand **Ты такой большой**

TY TAKOY BOLCHOY

Quel livre voulez-vous ? Celui-ci ?
Какую книгу вы хотите? Такую ?

KAKOUYOU KNIGY VUY XOTYTE ? TAKOUYOU ?
Masculin   Féminin   Neutre   Pluriel

ТАКОЙ   ТАКАЯ   ТАКОЕ   ТАКИЕ

Je vais le poster
Я собираюсь отправить его по почте

Je pense que tu peux peut-être écrire un jour quand tu pourras
Я думаю, ты мог бы написать одну когда-нибудь

D'apparence modeste
Скромная внешне

Naître
Рождаться

Mourir
Умереть

Vous téléchargez sans payer
Вы качаете бесплатно

Connectez-vous sur un site internet, ou entrez **Войдите**

Permis de conduire
Водительские правá

Les gens veulent
Людей хотять

Tout à fait vrai
Совершенно верно

Je vous recommande le site (internet)
Я рекомендую Вам сайт

Site internet
Сайт

Le dernier mot, après ce mot
Последнее слово

Pardon pour tout ce qui est arrivé
Извини, что все так получилось

Il y a seulement quatre jours nos avons eu
А уж четыре дня назад тому мы имеем

Je me rappelle les règles des conducteurs
Я помню правила кондукторов

Réfrigérateur
Холодульник

Jusqu'à Lundi
До понедельника

A ma grande honte
К стыду

L'amour de la patrie
Любовь к отечеству

Il parle à côté de la question
Он говорить ни к селу ни к городу

Gagner de l'argent
Зарабатывать деньги

S'il vous plait envoyez-le moi par la poste
Пришлите его мне на почту, пожалуйста

Je pense que vous pouvez faire face à la traduction
Я думаю ты мог бы заниматься искусством перевод

D'accord mais je pense que vous pourriez simplement dire la vérité
Ладно, но я думаю ты мог бы сразу сказать правду

Théorie de la probabilité
Теории вероятностей

Le docteur a dit qu'il avait besoin de respirer de l'air frais
Доктор говорил, что ему нужен свежий воздух

Je pense que si tu veux tu peux prendre le train
Я думаю, если бы ты захотел, ты мог бы сесть на поезд

Je pense que tu peux en rester là tel quel
А ведь ты мог бы оставить все как есть

Je ne me suis jamais trompé
Я никогда в этом не ошибалась

Je pense que tu seras magnifique
Я думаю, ты будешь великолепна

J'ai essayé de te contacter de nombreux mois
Я много месяцев пытался связаться с тобой

En ce qui concerne le choix des phrases et expressions que j'ai retenues, l'assortiment présenté ici se veut le plus varié possible qui selon la théorie des probabilités devrait atteindre les cas les plus fréquents.

Je te dis ce que j'ai trouvé
Я скажу тебе, что я тут нашел

J'ai trouvé un peu de musique russe gratuite et des clips vidéos
Я нахожу здесь некоторую свободную Русскую музыку и клип видео

Nous ne parlerons plus de ceci
Так, вот об этом мы говорить не будем

Maintenant, tout est beaucoup mieux et je continue à travailler dans ce sens
Теперь все гораздо лучше и я продолжаю работать в этом направлении

Il y a beaucoup de choses qui semblent aller de soi, mais les erreurs que nous faisons, suggèrent que
Есть немало вещей, которые кажутся сами собой разумеющимися, однако ошибки, которые мы совершаем, свидетельствуют о том, что

Intéressé par le nombre maximal d'heures d'affilée
Интересует именно максимальное число часов подряи

En réalité de nombreux mois se sont écoulés
На самом деле прошло много месяцев

Si je ne me trompe pas
Если не ошиьаюсь

Si je ne me trompe pas ces deux documents ont été transmis au secrétariat
Если не ошибаюсь, эти два документа были направлены в

Ce que nous devons savoir
Что нам необходимо знать

Huit heures de sommeil est la norme quotidienne
Восемь часов – такова суточная норма сна

Les décisions qui vous prenez après deux heures de la nuit - de mauvaises décisions, aller juste pour dormir
Решения, которые ты принимаешь после двух часов ночи — плохие решения, просто иди спать

Ne pas se séparer
Не расставаясь

Je ne pouvais pas cacher la confusion
Я не смог скрыть растерянности

Le temps est passé pour rien du tout
Времени-то прошло всего ничего

Discussion stupide
Группы разговоры

La seconde version est plus ancienne
Второй вариант, более старый

Que pensez- vous, ce qui se passerait si vous travaillez 90 heures par semaine ?
А как вы думаете, что будет, если работать 90 часов в неделю?

Beaucoup d'informations intéressantes et utiles sur
Множество интересного и полезного о

Par conséquent, une attitude passive est inappropriée : le moment d'essayer sérieusement
Соответственно, попустительский подход также является неприемлемым: настало время немедленно и самым серьезным образом

Très souvent la montre s'arrête
Очень часто часы останавливаются

Je peux gagner de l'argent facilement
Так что я могу вполне легко зарабатывать деньги

Il est en affaires pour gagner de l'argent
Он занимается бизнесом, чтобы зарабатывать деньги

Il y a d'autres façons de gagner de l'argent
Ну, есть другие способы зарабатывать деньги

Il n'à qu'un seul but dans la vie gagner de l'argent
У него одна цель в жизни - заработать денег

Pour gagner de l'argent il faut être heureux et en bonne santé
Зарабатывать деньги, быть счастливыми, быть здоровыми

Je veux gagner de l'argent avec un travail où je me sens bien
Я хочу зарабатывать деньги на работе, которая мне нравится

Mais rapidement, parce que je dois aller au travail, et gagner de l'argent pour payer votre salaire.
Но нам лучше поспешить, потому что мне ещё нужно на работу, чтобы зарабатывать деньги на оплату вашего жалования.

Je sais comment gagner de l'argent
Я придумал, как заработать денег

Comme il est important d'être sérieux
Как важно быть серьезным

Et vous avez déjà parlé avec lui à propos de moi ?
А вы уже говорили с ним обо мне ?

Qui est confronté à une telle demande ?
Кто сталкивался с таким ?

Après combien de temps sera-t-elle traitée ?
Через сколько заявку обработали ?

Mais combien de temps il faut et comment réagir à ce locataire
Но вот сколько это займет и как к этому отнесется новый арендатор

Difficile à dire
Затрудняюсь сказать

Difficile à dire exactement ce que cela signifie
Пока я затрудняюсь сказать, что именно она означает

J'ai déjà parlé de comment se sent une personne
Я говорил о том, как чувствует себя человек

La dernière fois que je parlais de ce que je faisais à..
В прошлый раз я рассказал о том, к чему я привык на..

J'ai déjà parlé de cela
Я рассказал о том то

Encore une chose que je n'ai jamais encore essayé de faire
Еще одна вещь, которую я никогда не делал

Ecoute j'essaye de t'aider
Послушай, я всего лишь пытаюсь оказать тебе помощь

Bien que ces événements soient importants, ils préfigurent en fait là un passé récent proche
Хотя эти события на самом деле предзнаменуют, что последнее время близко

J'essaye sérieusement
Я пробую серьезно

Je suis de la même opinion que l'auteur
Я того же мнения, что и автор

Besoin de lire
Надо читать

Les derniers mots
Последние слова

Je ne me rappelle pas avoir aidé quiconque dans les plus importantes affaires
Но я не помню, чтобы на самом деле кому-то помог

Oui mais je ne me rappelle pas l'avoir reçu
Да. Но я не помню, чтобы получал его

Je ne me rappelle pas la troisième chose, mais
А третье я не припомню, но

Ne contient pas de dispositions spécifiques
Не содержит специальных положений

Spécialement ici
Здесь особенно

Nous en avons parlé avant
Назад говорилн

Nous devons parler sur l'ouverture et la fermeture des comptes
Об открытии или закрытии счетов больше надо сообщать

Vous m'avez donné hier une mauvaise adresse de livraison
А вы мне вчера неправильно сдачу дали

Ils me donnèrent mille
Они дали мне тысячу

Pour ne pas avoir informé sur l'ouverture des comptes de l'impôt et le droit, les questions juridiques
Что не сообщил об открытии счета Налоги и право о Юридические вопросы

Résulte de longs mois d'efforts engagés par ses initiants pour faire connaître leur proposition et prendre en compte les suggestions et points de vue
Много месяцев работали над тем, чтобы сделать свое предложение достоянием гласности и учесть взгляды и предложения

D'après moi
По моему

C'est ce que je vais faire comme toujours
Это как раз то, что я собираюсь сделать

Tout le monde doit faire face à la vérité à la fin
Каждый должен взглянуть правде в лицо в конце концов

Nous devons toujours être prêts à jeter un œil la vérité dans les yeux n'est-ce pas
Мы всегда должны быть готовы взглянуть правде в глаза, не так ли?

Chaque personne est unique et différente des autres
Каждый человек уникален и отличается от других

Je ne peux rien faire avec ceux-ci
Я ничего не могу сделать с этим

Je ne peux rien faire traduire
Пока я ничего не могу сделать перевод

Naturellement une des questions les plus importantes que nous nous sommes posés à nous-mêmes amicalement à plusieurs reprises
Естественный и один из самых важных вопросов, который мы неоднократно ставим друг другу и самим себе

Je pense, je veux que cela te plaise
Мне кажется тебе должна понравиться

Méthode la plus accéssible
Самый доступный метод

Là où il a vu un mensonge il a exigé la vérité
Там, где он видел ложь, он требовал правды

Mensonge
Ложь

Je ne sais pas de quel mensonge tu parles
Я даже не знаю, за какую ложь ты извиняешься

Quoi qu'elle vous promette c'est un mensonge
Что бы она не пообещала вам, это ложь

C'est un énorme mensonge éhonté
Это большая, жирная, вонючая ложь

De temps en temps, parfois, rarement
Изредка

Je pense qu'ils vont se libérer après-demain
Думаю, послезавтра они ее отпустят

Après demain tu ne seras plus là
Послезавтра тебя уже здесь не будет

Si tous tes problèmes persistent jusqu'après demain
Если у тебя все еще будут проблемы со слухом к послезавтра

Je suis confiant qu'après demain
Я уверен, что послезавтра

Traduire avant-hier
Перевод позавчера

Traduire
Перевод

Dans le courant de l'année 2017
В течение 2017 года

La version définitive du règlement financier et des règles de gestion financière harmonisés devrait pouvoir être soumise pour examen aux organes directeurs courant 2009.
Окончательные согласованные финансовые положения и правила должны быть готовы для рассмотрения руководящими органами в течение 2009 года

Le Groupe d'experts s'est félicité de l'élaboration de ce rapport, dont la version finale serait achevée courant 2017
Группа экспертов приветствовала подготовку данного доклада, которая должна быть завершена в 2017 году

C'est plus courant que vous ne pensez
Это... на самом деле значительно больше того, что вы думаете

Transformation élémentaire
Элементарные преобразования

Cette transformation
Такие преобразования

Transformer le plan, l'affiner
Преобразование плоскости называется аффинным

Cette transformation a été accompagnée du souci d'améliorer la rentabilité et l'efficacité opérationnelles
Такие преобразования осуществлялись за счет уделения особого внимания повышению уровня оперативной эффективности и действенности

Notre transformation n'est pas encore achevée, mais je crois que le processus est désormais irréversible
Наши преобразования еще не завершены, но я считаю, что этот процесс уже необратим

La vie a repris son cours normal
Жизнь вновь вошла в нормальное русло

Il semblerait que la vie a repris son cours normal
Казалось, жизнь вновь вошла в нормальное русло

Beaucoup de personnes sont revenus à la vie normale
Многие люди вернулись к подобию нормальной жизни

Beaucoup de personnes
Многие люди

Tu as autant de temps que tu as besoin, prends tout ton temps, tu as tout ton temps,
У тебя есть столько времени, сколько тебе нужно

Laissez-les regarder mon visage. Tous les masques – du mensonge
Пусть смотрят мне в лицо. все маски – ложь

Maintenant, ce que je vais te demander sera difficile
То, о чём я буду тебя спрашивать, может быть нелегко

Il va croire que je vais essayer de le manipuler
Может, он думает, что я буду обвинять его или что-то такое

Si tu veux que je parte je pars
Если ты хочешь, чтобы я ушел, я пойму

Tu fais ce que tu veux comme toujours
Ты делаешь то, что ты хочешь. Всегда

Si vous voulez participer, allez-y
Если вы хотите участвовать – давайте

Je peux aller avec toi si tu veux
Я могу пойти с тобой, если ты хочешь

Tu peux expliquer ce que tu veux
ты можешь объяснить, чего ты хочешь

Demande-moi ce que tu veux savoir
Спроси меня все, что ты хочешь знать

Je te demande je fais tout ce que tu veux
Прошу, я сделаю все, что ты хочешь

Il est préférable de le faire maintenant
Это лучше делать сейчас

Il vaut mieux ne pas attendre
Лучше не ждать

Chaque année
Каждый год

Seulement après cela
Только после этого

Rien de mal à cela
Ничего страшного в этом нет

Allez avec les nouvelles données ne sont pas au plus tôt après 24 heures
Зайдите с новыми данными не ранее чем через 24 часа

Vous pouvez acheter
Вы можете купить

Je pense que tu es sur cette piste, et ça fait plaisir à voir
Я думаю, ты идешь этим путем, и я рад это видеть

Erreur
Ошибка

Je ne fais jamais cette erreur
Иэ та та ошибка, которую я обычно не делаю

Je crains que ces pourparlers soient une erreur que nous regretterons
Я боюсь, что эти переговоры - ошибка, о которой мы еще пожалеем

Le sous-estimer
Его недооценивают

Par définition
По определению

C'est un moyen pratique
Это удобный способ

Ce n'est pas votre problème
Это не ваша проблема

Ce n'est pas votre problème, donc vous pouvez partir et je me chargerai du reste
это не ваша проблема, вы можете отказаться, и я приму удар на себя

Avec tout mon respect, ce n'est pas votre problème
Со всем уважением, но она - не ваша забота

D'accord ce n'est pas ton problème
Ладно? Это не твои проблемы

Naturellement ce n'est pas ton affaire
Конечно, это же не твоё дело

Je sais que c'est votre groupe ou équipe mais ce n'est pas votre problème
Я знаю, что они из вашей группы, но они - не ваша проблема

En général qu'elle est votre affaire ?
И вообще, какое вам дело ?

En général
И вообще

D'accord, dans ce cadre, on peut évidemment ressentir du regret pour beaucoup de choses différentes
Согласно такой концепции, можно испытывать сожаление по поводу многих вещей

Est-ce que tu te rappelles ce que c'est de ressentir des émotions
Что ты помнишь, что такое испытывать человеческие эмоции

J'ai essayé de te faire ressentir ce que je ressens.
Я бы постаралась заставить тебя почувствовать то, что я чувствую

Tu dois ressentir quelque chose pour quelqu'un
Ты же должен чувствовать что-то к кому-нибудь

Quand cela te sera possible
Когда тебе можно

Très bien
Замечтательно

Tu sais très bien
Знаешь замечтательно хорошо

Maintenant je comprends beaucoup mieux quand nous parlons
Я теперь гораздо лучше когда мы говорим

Maintenant je comprends mieux pourquoi
Теперь я понимаю, почему

Je ne peux pas supporter quand je n'ai pas ce que je veux
Я не терплю, когда у меня нет того, чего я хочу

Je comprends que je peux beaucoup plus que je pensais
Я понимаю, что могу гораздо больше, чем думал

Maintenant, je comprends pourquoi vous ne voulez pas aller à l'encontre, contre
Теперь я понимаю, почему вы ни за что не хотели идти против

Je comprends maintenant moi-même beaucoup mieux, je suis devenu plus heureuse
Теперь я понимаю себя гораздо лучше, я стала счастливее

Maintenant je comprends ce qu'il faut faire
Теперь я понимаю, что делать

Je peux dire qu'en général
Я могу сказать что, в целом

Je peux dire
Я могу сказать

En général
В целом

Spécialement pour les cas, les affaires importantes
По особо важным делам

L'art est une duperie qui crée de vraies émotions, un mensonge qui engendre la vérité
Искусство - обман, порождающий настоящие эмоции - ложь, создающая правду

Oui mais je n'aimerais ne pas vendre un mensonge
Да, но я бы не хотел продавать ложь

Les affaires importantes devraient être traitées facilement
К важным делам следует относиться легко

Maintenant
Теперь

Maintenant vous comprenez mieux la situation
Теперь ты гораздо лучше понимаешь ситуацию

Maintenant je suis mieux préparé au travail
Сейчас я гораздо лучше подготовлен к работе

Comme je comprends maintenant
Как теперь понимаю

Je comprends maintenant ce qu'ils nous ont laissé pour le dessert
Я так теперь понимаю, что нас они оставили на десерт

Maintenant je comprends la difficulté qu'il y avait avant
Теперь гораздо лучше понимаю, как нелегко приходилось раньше

Nous vivons beaucoup mieux
Мы стали жить гораздо лучше

Lorsque le temps dépassé 2 heures de la nuit
Когда время перевалило за 2 часа ночи

Aide à rédiger un bref résumé du texte
Помогите написать сжатое изложение по тексту

Il garde probablement son secret pour une autre raison
Наверное, есть причина, по которой он держит свой секрет

Dans la théorie des probabilités, en disant que l'événement presque fiable ou que cela se produira
В теории вероятностей говорят, что событие почти достоверно или что оно произойдет

Il y a beaucoup de choses qui semblent aller de soi, mais les erreurs que nous faisons, suggèrent que
Есть немало вещей, которые кажутся сами собой разумеющимися, однако ошибки, которые мы совершаем, свидетельствуют о том, что

Je pense que tu-est au courant pourquoi je suis là
Я думаю, ты в курсе почему я здесь

Pouvez-vous me dire pourquoi les gens viennent ici ?
Позволь мне объяснить, почему люди приходят сюда ?

Maintenant, tout est beaucoup mieux et je continue à travailler dans ce sens
Теперь все гораздо лучше и я продолжаю работать в этом направлении Rencontrer встретиться

Je rentre le login et le mot de passe de mon compte
Используя логин и пароль от своего аккаунта

Mot de passe
Пароль

Login
Логин

Maintenant vous pouvez utiliser
Теперь можно запускать

Et entrer avec votre login
И входить по своему логину

Une question très importante
Очень важному делу

Lettre pour une question très importante
Письмо по одному очень важному делу

Spécialement ici
Специялного сдесь

Destination spéciale
Специа́льного назначе́ния

En outre pour atteindre le succès il n'est pas facile de remplir sa tâche
К тому же, добиться успеха – это не просто завершить поставленную перед собой задачу

Succès dans la vie d'une personne
Успех в жизни человека

Le succès est la réalisation de soi
Успех – это реализация самого себя

Pour moi le succès est la réalisation de son potentiel
Для меня успех – это раскрытие собственного потенциала

Dites-moi si je pars (j'entame) deux heures de temps de travail
Подскажите, если я проехал до два рабочие часа

Je pars pour trois périodes d'heures de travail
Я проехал в три суток в работу

A une distance de 500 km
На расстояние до 500 км

Fixer un délai supplémentaire
Устанавливается дополнительный срок

Un jour et plus 3000km trois périodes de travail
Одни сутки, а свыше 3000 км - двое суток

Un changement de tous je ne pense pas juste travailler
А изменами это все не считал – просто работа

Là ils passèrent deux jours
Там они проехал двое суток

La vie elle-même semblait terne comme ce matin, ces deux jours
Сама жизнь казалась ему пасмурной, как нынешнее утро. эти двое суток

Une erreur est survenue pendant le téléchargement (internet)
Во время загрузки произошла ошибка

Il ne faut pas gaspiller du temps, nous n'allons pas gaspiller du temps
Давайте не будем тратить время

Je recommande
Я рекомендую

Je ne me rappelle pas ce qui s'est passé cette nuit
Но я не помню, что случилось той ночью

Je vous connais mais je ne me rappelle pas votre nom
Я знаю вас, но я не помню, как вас зовут

En vérité sur ceci je ne me rappelle pas grand -chose
Правда в том, что я не помню большую часть

Mais nous avons le choix
Но у вас есть выбор

Pouvez-vous envoyer moi plus d'informations ... Avec la référence
Могли бы вы выслать мне подробную информаци

Tu cliques sur la photo pour l'agrandir
Ты нажми на фото, будет крупнее

Je ne veux pas gâcher la bonne humeur de personne avant le nouvel an et la mienne non plus
Я не хочу портить никому настроение перед Новым годом и себе тоже

Mais tu as tes désirs, tes pensées, et fais comme tu le souhaites et comme tu penses
Но у тебя свои желания, свои мысли и поступай, как тебе нравится и хочется

Je pense qu'est venu le temps pour que tu
Я думаю, пришло время, чтобы ты

Exemple
Например

Oui un murmure est très calme
Да, шёпотом это очень тихо

Voici une feuille de triche
Вот тебе шпаргалка

Je suis contente de pouvoir t'aider
Я рада что могу тебе чем-то помочь

Contacte-moi, je t'aiderai toujours, je te dirai
Обращайся,я тебе всегда помогу,подскажу

Tu n'as pas écrit correctement
Ты выше неправльно написал

Cuisiné et servi à table
Готовим и подаем к столу

Performance maximale
Максимално представяне

Régime alimentaire
Дневна диета

Alimenation saine
Здравословното хранене

Perte de poids maximale
Максимално отслабване

Conseils culinaires
Кулинарни съвети

Vous êtes un conteur d'histoires
Вы Сказочник

Aujourd'hui jour de liberté, de repos
Сегодня же выходной

Que se passe t'il avec mon attention à votre égard
Как это вы соскучились по моему вниманию

C'est déjà bien, bonne nouvelle
Это уже хорошои приятная новость

CONVERSATION D'URGENCE MINIMUM

Consulat français французском Консульстве

FRANTSUZKOM KANSULSTVE

Police Полиция

PALYTSYA

On m'a volé Уменя украли

OUMYNYA OUKRALY

J'ai mal Мне больно

MYNYA BOLNA

Pansement Пластырь

PLASTYR

J'ai perdu un pansement У меня слетел лейкопластырь

OU MYNYA SLYTEL LYKOPLASTYR

Médicaments Лекарства

LEKARSTVA

Antigrippal Антигриппин

ENTYGRIPY

Pharmacie Аптеку

APTEKA

Paretamol Парацетамол

PARACHETAMOL

Hôpital Больница

BALNYTSA

J'ai mal à la tête Голова болит

GOLOVA BALYT

J'ai mal au ventre Желудок болит

JILOUDAK BALYT

J'ai mal ici Здесь болит

ZDES BALOYT

Docteur Доктор

DAKTAR

Cœur Сердце

SYERDTSE

Jambe Нога

NOGA

Pied **Ноги**

NOGY

Ventre **Живот**

JYVOT

Gorge **Горло**

GORLA

Bras **Руки**

ROUKY

J'ai la diarrhée **У меня понос**

OU MYNYA PANOSS

Comprimés **Таблетка**

TABLETKA

Je suis malade j'ai besoin de ce médicament

Я болен(а), Мне нужна эта таблетка

YA BALEN(A), MYNYA NOUJNA ETA TABLYETKA

J'ai vraiment besoin de ce médicament

Мне очень нужна была эта таблетка

MYNYA OTCHEN NOUJNA

BYLA ETA TABLETKA

Antiseptique pour les mains Антисептик для рук

ANTYSEPTYK DLYA ROUK

J'ai encore une pilule, un médicament dans ma poche

У меня есть ещё одна таблетка в кармане

OU MYNYA EST ECHE ODNA

TABLEYTKA F KARMANE

Serviettes et tampons hygiéniques

Гигиенической защиты и тампоны

GYGYENYCHKY ZACHYTEY Y TAMPONY

Crème solaire Крем от Загара

KRYEM AT ZAGARA

Coup de soleil   Солнечный ожог

SOLNICHNY AJOG

J'ai un coup de soleil sur la tête

У меня солнечный ожог на голове

OU MYNYA SOLNICHNY AJOG NA GALAVE

A quoi cela sert-il ?   К чему это ?

K TSEMOU ETA ?

Tendinite   Тендонит

TYENDONYT

Médicament pour deux   Лекарство за пару

LYKARSTVA ZA PAROU

Oui je pense que j'ai la grippe   Да, хажется, я грипп подхватил

DA XACHETSYA YA PODXVATYL

URGENCES

Amende **Штрафа**

CHTRAFA

Amendes **Штрафов Штрафы**

CHTRAFOF ou **CHTRAFY**

Payer ses amendes de la circulation en ligne

Оплатить Штрафы ГИБДД онлайн

APLATYTE CHTRAFY ANLAYN

Police de la circulation **ГИБДД**

G Y B D D

Amendes (différentes prononciations)

Штрафах, Штрафов, Штрафа, Штрафы

CHTRAFAX, CHTRAFOF, CHTRAFA, CHTRAFY

C'est du vol **Это грабже**

ETA GRABJE

Voleur **Вора – Вор**

VORA- VOR

Sac à main Сумочку

SYOUMOUCHKOU

Porte-feuille Бумажник

BOUMAJNYK

Appareil photo фотоаппарат

FOTOAPARAT

Appelez la police Вызовите полицию

VYZAVYTE PALYTSOU

J'ai été attaqué На меня напали

NA MYNYA NAPALY

Mon téléphone a été volé dans le hall

Мой Телефон был украден в холле

MOY TELEFON BYL UKRALY F XOLL

Il a été volé Он был украден

ON BYL UKRALEN

PROBLEMES ET SECOURS

Récemment je suis tombé dans une dépression sévère.
В последнее время я впала в жуткую депрессию

Quelques centaines de mètres de câbles haute tension sont tombés à terre, au sol
Несколько сотен метров кабеля упало на землю

Le téléphone est tombé au sol
Телефон упал

Téléphone perdu ou volé
Телефон потерян или украден

Mon compte a été volé, après que je suis connecté et change le mot de passe, celui qui l'a volé a été sur le site, dans le réseau avec mon compte
Был украден аккаунт , после я успел в него зайти и поменять пароль , тот кто украл был в этот момент в сети на моем аккаунте

Il a été mis un mot de passe
Там был установлен пароль который

Je ne suis pas autorisé à rentrer même si j'essaye
Я не мог пройти авторизацию, даже если пробовал

Il a été bloqué
Он был выключен

Dans ces désagréables situations où votre téléphone à été perdu ou volé
В тех неприятных случаях, когда ваш телефон потерян или украден

Puis on m'a volé mon sac avec mes clés et tout ce que j'avais
Затем кто-то украл мою сумочку с ключами, со всем

Tout mon argent a été volé
Все мои деньги украли

C'est un fait mon téléphone a été volé
Тот факт, что мой телефон был украден

On m'a volé mon portefeuille avec tout mon argent
Кто-то украл мой кошелёк, все мои деньги

Hier soir on m'a volé ma voiture
Вчера вечером у меня украли машину

Comment retrouver mon Smartphone volé ou perdu
Как найти украденный или потерянный смартфон

J'ai mal aux dents
Я имею зубную боль

L'eau est froide cela me donne mal aux dents
От холодной воды у меня болят зубы

Tu as mal aux dents tu as besoin d'aller au médecin
У тебя разболелся зуб, надо

J'ai la grippe
Я имею грипп

On devait le faire à la fin de la semaine mais j'ai attrapé la grippe
Цобирались еще на прошлой неделе, но я меня был грипп

J'ai eu la grippe mais maintenant je vais bien
Только оправилась от гриппа, но, честно, я в порядке

J'ai la grippe depuis une paire de semaines
У меня грипп уже пару недель

Douleur abdominale basse et la diarrhée, des nausées, des vomissements et de la fièvre
Боль внизу живота и понос, тошнота, рвота и высокая температура

Température élevée
Высокая температура

Sans température
Без температура

Douleur et crampes dans l'estomac
Боль и спазмы в животе

J'ai mal à la tête
Я имею головную боль

Docteur j'ai mal à la tête
Доктор, у меня болит голова

J'ai mal à la tête et je vomis
У меня болит голова и меня рвет

J'ai mal au dos
У меня болит спина

J'ai une cicatrice
Я имею шрам

Je veux dormir éteins la lumière j'ai mal à la tête
Хочу спать, выключи свет, у меня головная боль

Dis-lui que j'ai mal à la tête
Скажи ему, что у меня голова болит

Maintenant j'ai plus de cicatrices
Теперь у меня ещё больше шрамов

Je t'ai laissé une cicatrice à vie
Я оставил тебе шрам на всю жизнь

Cicatrice sur le cœur
Шрам на сердце

Laissé une cicatrice
Оставила шрам

J'ai une blessure
Я имею рану

Douleur très forte
Сильно болит

J'ai une sérieuse blessure à la tête
У меня серьёзная травма головы

Blessure à l'estomac
Ранение в живот

J'ai eu une blessure à la tête au travail, Et ils m'ont donné huit semaines de congés payés
Я заработал травму головы, и мне дали восьми-недельный оплачиваемый отпуск

J'ai eu une blessure en skiant et les antidouleurs ne suffisaient pas
У меня была лыжная травма и болеутоляющих стало недостаточно

Ne criez pas
Не кричите

Je vais essayer d'oublier
Я постараюсь

J'ai des nausées quand je mange
Меня тошнит, когда я ем

Je mange tout et n'importe quoi
Я ем все со всем, приятель

Eh bien... ma femme n'aime pas que je mange sucré à cause de ma tension
Ну, вообще-то моя жена против чтоб я ел сладости в связи с моей гиперактивностью

Ma tension, hypertension,
Моей гиперактивностью

Je mange quand je déprime
Я ем, когда я в депрессии

Voici la liste de ce que je mange les autres soirs
Вот список того, что я ем по ночам

Beaucoup de mois des maux de gorge
Много месяцев болит горло

Je suis tombé au sol
Я упал на основание

Aide médicale, soins médicaux
Медицинской помощи

Il m'a attrapé par le bras
Он подхватил меня под локоть

Cette douleur
Эта боль

Je pensais pouvoir mourir la nuit dernière
Я думал, что могу умереть прошлой ночью

Simplement ne pas boire trop d'antibiotiques
Только не пей много антибиотиков

Beaucoup de mois
Много месяцев

La gorge me fait mal déjà depuis 5 mois
Болит горло уже 5 месяцев

Une paire de jours
Пару дней

Dans une paire de jours tout ira mieux
Но за пару дней все пройдет

Pendant la menstruation
Во время месячных

Le temps est passé et rien n'a été obtenu
Времени-то прошло всего ничего

Elle pourrait avoir une lésion à la colonne vertébrale
У неё, возможно, повреждение позвоночника

Garantie
Гарантия

Débloque-moi le téléphone
Разблокируй мне телефон

Le téléphone ne fonctionne plus
Телефон не работает

Pas bon
Нехорошему

Dans notre catalogue vous pouvez choisir et acheter un téléphone cellulaire
В нашем каталоге Вы можете подобрать и купить сотовый телефон Disponibilité **наличие**

C'est un moyen pratique d'acheter un téléphone cellulaire
Это удобный способ купить мобильный телефон

Grand catalogue de téléphones portables
Большой каталог мобильных телефонов

Dans la boutique le garçon parle à la vendeuse
В магазине мальчик говорит продавщице

Téléphone portable
Мобильный телефон

Téléphone Cellulaire
Сотовый телефон

Comment savoir s'il est déjà chargé ?
И как узнать что он уже заряжен?

ALLUSIONS RELATIONNELLES

Maintenant, les allusions aux relations et ressentiments entre les personnes :

Vous ne pouvez pas entrer deux fois dans la même rivière, veut dire que vous ne pouvez pas deux fois avec succès à faire la même chose.

Сейчас словами :
нельзя дважды войти в одну реку,
говорят о том, что нельзя два раза успешно заняться одним
и тем же делом говорят
о том, что нельзя два раза
успешно заняться одним и тем же делом.

Exemple : si un homme avec une femme avait une liaison, ils se séparent, puis reprennent la relation, ils peuvent dire « vous ne pouvez pas entrer deux fois dans le même fleuve » dans le sens où une seconde fois ensemble, ne fonctionnera pas.

Пример: если у мужчины с женщиной был роман, они расстались, а потом возобновляют отношения, могут сказать "нельзя дважды войти в одну реку" в том плане, что второй раз ничего не получится.

Je l'ai épousé pour l'argent
Я вышла замуж за него ради денег

Une majorité de dames ne pense à rien, ne veut rien faire, seulement l'argent devant les yeux
А большинству дам нечем думать, вообще нечем, только деньги в глазах

Les hommes n'aiment pas ces questions
Мужчины не любят такие вопросы

Les hommes reviennent toujours c'est leur nature
Мужчины всегда возвращаются такая у них натура

Dans les réseaux sociaux
В социальных сетях

Dis-moi comment aimer
Расскажи мне как любить

Les gens veulent être heureux
Людей хотят быть счастливыми

Il est leur besoin naturel
Это их естественная потребность

Mon cœur bat la chamade
Мое сердце бьется, как сумасшедшее

Le cœur saigne de sang
Сердце кровью обливается

Quand nous comprenons tout
Когда мы совсем понимаем

La réponse est simple nous ne nous comprenons pas les uns les autres car nous ne nous aimons pas
Ответ прост – мы не понимаем друг друга, потому что не любим

Si nous ne nous comprenons parfaitement les uns des autres, et nous ne savons pas ce que nous voulons
Если мы не совсем понимаем друг друга, и не знаем чего хотим

Nous avec mon mari ensemble depuis 10 ans
Мы с мужем вместе 10 лет

Se quereller
Ссоримся

Les relations étaient merveilleuses
Отношения были замечательные

Pourquoi nous nous disputons pour toutes sortes de raisons, pourquoi nous ne nous arrêtons pas à temps
Почему мы ссоримся из-за всяких пустяков, почему не можем вовремя остановиться

Nous nous aimons les uns les autres mais nous nous querellons constamment
Мы любим друг друга, но постоянно ссоримся

Tu connais beaucoup de contes de fées, de grandes histoires
Ты узнаешь много волшебных историй

Tu sais beaucoup de choses
Ты узнаешь много

Mais à la fin tout ira bien
Зато в конце все будет хорошо

Nous sommes séparés par de grandes distances de cette ville
Мы разделены огромными расстояниями этого города

Nous avons beaucoup parlé à ce sujet
Мы много говорили о нем

Heureuse relation à long terme
Счастливые, длительные отношения

Etre dans une relation sérieuse
Быт и серьезные отношения

Avez-vous des enfants ?
А у вас есть дети ?

J'ai compris ceci au premier regard
Я понял это с первого взгляда

Je l'ai reconnu au premier regard
Я его с первого взгляда узнал

Vous croyez en l'amour au premier regard ?
Вы верите в любовь с первого взгляда ?

Mais nous étions amoureux au premier regard
Но мы были влюблены друг в друга с первого взгляда

Je suis tombé amoureux d'elle au premier regard
Я влюбилась в нее с первого взгляда

Mais au premier regard ils sont semblables
Ну, на первый взгляд они похожи

C'était l'amour au premier regard
Ну, любовь с первого взгляда

Je l'ai détesté au premier regard
Я возненавидел его с первого взгляда

C'était la passion dès le premier regard
Это была страсть с первого взгляда

En français aussi cela signifie aimer au premier regard
На французском это также значит любовь с первого взгляда

Un amant
Любовник

Mon amant, mon amoureux
Мой возлюбленный

Oui ce doit être son amant
Да, должно быть, это ее любовник

Votre jeune amant est passager car la jeunesse est passagère
Ваш молодой любовник будет с вами не всегда, потому что молодость имеет границы

C'est aussi l'amant de votre femme
А еще это любовник вашей жены

Maitresse
Любовницы ou любовница

Je suis la maitresse d'un homme marié
Я любовница женатого мужчины !

Cela signifie que diner en public avec sa maitresse est très risqué
Значит, ужинать со своей дамой на людях было слишком рискованно

Entretenir une épouse, une maitresse, une petite fille, ...tout ça avec un salaire de fonctionnaire ?
Содержите жену, любовницу, новорожденную дочурку и все это на правительственное жалование?

Liaison amoureuse
Любовная связд

Plaisir à voir
Удовольствие видеть ou Приятно видеть

Agréable à voir
Любо смотреть

Plaisir chèr
Любо дорого это

Aventure d'amour, aventure galante
Любовное приключение

Je veux être avec toi
Я хочу быть с тобой

Ce n'est pas ta préoccupation, pas ton problème
Это не твоя забота

Je vais vous dire un secret
Скажу вам по секрету

Les parents essaient de leur mieux pour la meilleure façon possible d'éduquer leur enfant
Родители стараются изо всех сил, чтобы как можно лучше воспитать своего ребёнка

Tu seras
Ты будешь

Si tu est jeune et belle
Если ты молода и красива

Jeune
Молода

Belle (au féminin)
Красива

Magnifique, très belle
Шикарная

Beau mariage, superbe mariage
Шикарная свадьба

Très belle, chic
Шикарна

Peut-on penser l'un à l'autre en même temps ?
Можно ли думать друг о друге одновременно ?

Lorsqu'entre deux personnes il y a une certaine similitude, ils se donnent les uns des autres leurs pensées et leurs sentiments
Когда между двумя людьми существует известное подобие, они передают друг другу свои мысли и чувства

Les gens pensent les uns aux autres sincèrement
Люди думают друг о друге одновременно

Quel genre d'homme, de personne est-il ?
Что он за человек ?

Deviner quel genre de personne
Гадание Что за человек

Deviner, divinatoire
Гадание

Qui veut me rencontrer ?
Кто хочет встретиться со мной ?

Déterminer avec précision le caractère de la personne
Точно определить характер человека

Tu n'est-pas la première à qui je le dis
Ты не первая, кому я говорю

Monde intérieur
Внутренний мир

C'est seulement une apparence extérieure
Но это только внешне

Sans fausse modestie
Без ложной скромности

Sans fausse modestie je dis que j'ai changé non seulement à l'extérieur mais aussi à l'intérieur
Без ложной скромности скажу: я изменилась не только внешне, но и внутренне

Apprenez à accepter la louange et augmenter l'estime de soi sans fausse modestie
Учитесь принимать похвалу и этим поднимать самооценку без ложной скромности!

Sans fausse modestie
Без ложной

Sans fausse modestie il semble que nous avions l'air plus convainquant
Без ложной скромности, похоже, мы были в прямом эфире самые убедительные

Le monde entier est à nos pieds
Весь мир у наших ног

Ce que tu demandes n'est pas possible
То, о чём ты просишь, невозможно

Impossible, interdit, prohibé
Нельзя

Possible
Возможно

Impossible de vivre ainsi
Так жить нельзя

L'amour ne peut pas haïr
Любить нельзя ненавидеть

Trouver quelqu'un dans ce pays est quasi impossible
Поиск одного человека где-нибудь в этой стране - это почти невозможно

Je m'efforce de vous expliquer ce qui est possible
Я прекрасно это понимаю и пытаюсь объяснить Вам, что это невозможно

Libre
Свободно

Alors nous serons heureux de vous voir demain et après- emain, à
Поэтому будем счастливы видеть вас завтра и послезавтра на

Vous n'êtes pas seul, ont vous avez des parents et amis qui vous aimez et Ils veulent voir
Вы не одиноки, у вас есть родные и близкие, которые вас любят и хотят видеть

Effrayant
Страшно

Réellement effrayant
Реально страшно

Blagues et provocations avec obscénités
Шутки Анекдоты про Вовочку с матом

Anecdotes les plus drôles et fraîches
Самых смешных и свежих анекдотов

Si je veux être honnête
Если я хочу быть честным

Je veux être honnête avec toi
Я хотел быть честным с тобой

Je veux être honnête avec soi même et avec toi
Я хочу быть честен перед собой и тобой

Nous recommencerons à zéro et je veux être honnête avec toi
Мы начинаем сначала и... я хочу быть честной с тобой

Si tu veux être honnête pourquoi tu ne leur dis pas,
Если ты и правда так считаешь, почему не расскажешь им?

Langage maternel
Ма́терный язык

Langage obscène maternel
Матерная ру́гань

Je voulais entamer une conversation mais j'ai juste posé une question stupide
Я не хотел вести пустых разговоров, но я задал ей старый глупый вопрос

Question stupide
Глупый вопрос

Pour soi les connaissances chez lesquelles vous êtes souvent invités
К себе знакомых, у которых вы часто бываете в гостях

Ressentir
Чувствовать

Le resenti, le sentiment
Чуств

Querelles avec son partenaire parce que je ne veux pas l'accabler avec ses problèmes
Ссоримся с парнем из-за того что я не хочу нагружать его своими проблемами

La vie est une plaisanterie difficile
Жизнь шутка сложна

Allons-y marions-nous
Давай по женимся

Pardonner
Прошать

Je vous demande de ne pas m'oublier не **забывай обо мне очень прошу**

Je vais donner mon témoignage
Я буду давать показания

Tu veux savoir comment faire si tu n'as pas fait ce que tu devais ?
Ты хочешь знать, как быть, если ты сделал что-то не так ?

En savoir sur soi, se connaître soi-même et quoi savoir ?
Узнать про себя, Что узнать?

La vérité, tu veux de nouveau savoir la vérité
Правду опять желаешь знать Правду

Mais tu veux savoir tout ce qui sera toujours, et ce qui ne sera pas, et ce qui sera toujours
Но желаешь знать, всегда ли будет все это, или ничего этого не будет, или нечто пребудет всегда

Nous devrions arrêter de nous dire où allons-nous ?
Нам следует остановиться и сказать себе: «Куда мы идем?

Parler avec enthousiasme
Взволнованно беседуем

Nous sommes à quelques minutes de parler avec enthousiasme
Мы несколько минут взволнованно беседуем

J'ai écrit au sujet encore et encore sans relâche, nerveusement, avec anxiété
О которых писал снова и снова, неустанно, взволнованно, трепетно

Quelque chose ne va pas
Что-то не так

Ma situation n'est pas tout à fait standard
Моя ситуация не совсем стандартная

Je sais mieux que toi ce que tu dois faire
Я лучше тебя знаю, как тебе нужно поступать в

Je n'ai pas de prétentions
Я совсем не имею претензии

Tu dois faire comme je te dis
Ты должен делать, как я сказал

Il est impossible de faire comme tu fais
Нельзя делать, так как делаешь

Avec une fausse déclaration
С ложной претензией

Spécialement intéressant au sujet de
Особенно интересно о

Cette conversation
Этот разговор

Continuer cette conversation
Продолжать этот разговор

Nous allons poursuivre cette conversation à un autre moment
Мы продолжим этот разговор в другое время

Pour entrer dans la conversation
Влезть в этот разговор

Pourquoi veut-il tant assister à ce match
Зачем он так хочет попасть на тот матч

Pourquoi ne pas reporter cette conversation à
Почему бы нам не отложить этот разговор до

Liste des choses qui doivent être faites pour la première fois
Список вещей новорожденному на первое время должны содержать

Ce livre doit être lu par chaque personne qui se respecte
Это книги, которые должен прочитать каждый уважающий себя человек

Beaucoup de temps est passé depuis ce jour
Много времени прошло с того дня

Chacun doit savoir
Это должен знать каждый

Je suis sûr que beaucoup d'entre vous il est impossible de savoir
Уверен, что многие знают о том, что нельзя

En ce moment tu veux dire quelque chose d'important mais tu ne t'en souviens pas
Этот момент, когда ты хотел сказать что-то важное, но вот не помнишь

Je voulais dire quelque chose d'important
Хотел сказать что-то очень важное

Mais il s'est avéré quelque chose de très important à te dire
Но это что-то оказалось слишком важным, что бы это сказать

Je voulais dire ce qui est important
Хотел сказать что то важное

Parfois tu veux dire quelque chose d'important et il t'est demandé d'attendre
Бывает, ты хочешь сказать что-то важное, а тебя просят подождать

Est-ce que tu seras avec moi passées quatre heures dans la nuit
Чего ты меня будишь, ещё четыре часа ночи

Tu feras tes devoirs ou pas ?
Ты будешь делать уроки или нет ?

Tu mangeras de la salade ou pas ?
Будешь кушать салат или нет ?

Tu vas ressentir le secret du sommeil
Ты будишь чувства тайно-спящие

Je suis secrètement et amèrement jaloux
Я тайно и горько ревную

Pensée maussade
Угрюмую думу

Devinez qui est secrètement amoureux de vous
Выясните, кто тайно влюблен в вас

Connexion avec Facebook
Зайти с Файсебоок

Elle a mis secrètement un compte de messagerie à cet effet
Она даже тайно создала отдельный почтовый ящик для этих целей

Jeune homme, jeune personne
Молодого человека

Peut-être ma recherche infructueuse comme
Возможно на мои безуспешные поиски так же

Une seconde je lis juste un message
Одну секунду, я тут читаю

S'l te plait pas besoin (ne plus) fouiller dans mon téléphone
Просто не надо копаться в моем телефоне

Tu te souviens de ce qu'il a écrit
А помнишь, что ты написал

Ton message semblait urgent
Твое сообщение казалось срочным

Comme je comprends vous n'aimez pas votre courrier
Как я понял, вам не понравился курьер

Venez à ma maison
Приходите в мой дом

Sur ton message il était écrit que c'était important
В твоем сообщении было написано, что это важно

Bien sûr j'ai reçu ton sms et j'ai eu terriblement peur Конечно
Я получил твою смску и жутко перепугался

Et au sujet de tout que vais-je devoir oublier
И вообще обо всем, о чем я велю забыть

Quoi Faire
Что же делать

Beaucoup lire ne veut pas dire en savoir plus
Начитаться не значит Знать вообще

Dans une grande ville
В большом городе

Oui il est notre bonheur
Да это счастье наше

En général il est considéré comme pas très décent
Вообще, это считается не очень приличным

Tu veux savoir quand nous le ferons ?
Желаешь знать, когда сделаем ?

Nous allons parler, rencontrer, partager de nouvelles connaissances et juste profiter
Давайте общаться,встречаться, обмениваться новыми знаниями и просто радоваться

Touchant
Трогательно

Espoirs
Надежды

Impossible de ne rien prouver
Невозможно ничего доказать

Depuis le début
Не сначала писалось

J'ai toujours pensé
А я-то всегда считал

Je pensais qu'il était une configuration
Я решил, что это подстава

Il serait bien venu en personne mais pensait que ce serait mieux comme ça
Он сделал бы это лично, но подумал, что так будет лучше

J'ai toujours pensé que c'était impossible
А я-то всегда считал, что такое невозможно

Moi et vous savons que ce n'est pas possible
Мы с вами оба знаем, что это невозможно

Naturellement, maintenant ceci va être impossible
К сожалению, теперь это стало невозможно

Honnêtement je peux difficilement me souvenir
Честное слово, я с трудом припоминаю

Et si tu veux savoir pourquoi
И если желаешь знать почему

La première question ici est différente
Первичный вопрос здесь иной

Si tu veux savoir
Если хочешь знать

J'insiste sur le fait que..
Я настаивал на том, что в..

Immédiatement te dire de qui tenir
Тут же тебе расскажут за кого держаться

En premier vous conduisez deux heures puis une pause de 30 minutes et le café
Например вы проехали 2 часа, затем на паузе минут 30 пили кофе

Ne commencez pas avec
Не с начала

Je ne crois pas, je ne suis pas sûr, sure
Я не уверен, уверена

Je ne suis pas sûre de moi (féminin)
Я не уверена

Je ne crois pas en vous, je ne suis pas sûr de vous
Я о вас не увераю

C'est clair, c'est compris
Понятно

Je vous demande pardon
Прошу прошеня

Je te demande de te calmer
Я тебя прошу успокойся

Il fait de sorte qu'il n'y ait personne après lui
Он делает так, чтобы после него никого не было

Je vous demande de vous souvenir
Прошу запомнить

Je ne me rappelle pas de tout
Совсем не запомню

Je souhaite essayer de trouver mes amis, mes connaissances
Хотелось бы попробовать найти своих знакомых

Combien je comprends, si je comprends bien
Насколько я понял

Je sais, pour autant que je me souvienne
Я знаю, насколько я помню

Je ne suis pas la première personne à comprendre
Я отнюдь не первый человек, кто понял

Partez, allez
Уехайте

Comment être sérieux
Как быть серьезным

Qu'est-ce que cela signifie
Что же значить

Pourquoi tu ne veux pas
Почему не захочешь

J'ai répondu à la question sur une question
Ответил я вопросом на вопрос

Après beaucoup d'appels téléphoniques
После многочисленных звонков

Un appel téléphonique
Звонко, звонок на телефон, звонок

Voici la réponse à la question que tu m'as posée
Вот ответ на вопрос, который ты мне задал

Sur le site (internet) vous pouvez télécharger gratuitement
На сайте можно бесплатно скачат

Je me souviens de la question que tu m'as posée
Я вспомнил вопрос который ты мне задал

Précisément la question que vous m'avez posée, que vous me demandiez
Точно такой же вопрос, который задавал мне ты

Et bon qu'y a-t-il de spécial ici
Ну и что здесь особенного

Qu''y a-t-il de spécial ici
Что здесь особенного

Après ces mots
При этнх словах

Après ces mots sont visage s'assombrit et ses yeux prirent une expression sévère (au sujet d'un homme)
При этих словах лицо его омрачилось и глаза приняли суровое выражение

Une porte doit être ouverte ou fermée
Дверь должна быть либо закрыта, либо открыта

Pas besoin d'ouvrir ou fermer une fenêtre
Не должно открывать или закрывать

Vous êtes souvent invités
А часто ли вы бываете в гостях

Alors peut être possible
Тогда можно будет

Ne pas avoir peur de l'amour
Не Бойтесь Любви

Rencontre
Встреча

La rencontre n'a pas eu lieu, qui ne fut pas
Встреча не было

La rencontre qui n'a pas été
Встреча которой не было

Je fais, je suis engagé dans
Я занимаюсь

Connais-toi mieux toit même
Познай самого себя

Je vais me promener
Я иду гулять

Et je sors avec le chien pour une promenade
А я выхожу с собакой погулять

Pas un hobby intéressant
Нет хобби ничего не интересно

Rien n'apporte la joie
Ничего не доставляет радости

Pourquoi tant e solitaires dans cette ville
Поэтому так много одиноких в этом городе

Modeste en apparence mais votre monde intérieur pittoresque je suppose comme nous tous
Скромна внешне, но ее внутренний мир довольно живописен, я полагаю. Как и у всех нас

La ville était silencieuse et la maison silencieuse
Город молчал и молчали дома

Les espoirs et les attentes sont certainement considérables presque utopiques
Разумеется, надежды и ожидания велики, почти на грани утопии

Ces espoirs continuent hélas d'être déçus
Ксожалению, эти надежды продолжают постепенно исчезать

Ces espoirs ne sont malheureusement pas réalisés
К сожалению, эти надежды не сбылись

Je me suis toujours considéré comme libéral
Я всегда считал его либеральным

Combinez la créativité et l'éducation
Совместить творчество и воспитание

Les gens pensaient qu'ils peuvent changer le destin de dieu à leur encontre
Люди считали, что можно изменить предначертания богом в свою пользу

Jeune mais plein de gloire
Молодым, но на пике славы

Cette expérience
Этот опыт

Nous avons vu là une expérience naturelle
То, что мы увидели, - естественный эксперимент

C'est une expérience facile à refaire
Я о том, что этот эксперимент несложно повторить

Elle a pensé que l'expérience me serait utile
И ей казалось, что мне не помешал бы опыт защиты в суде

Je sais ….C'était ma première expérience
Я знаю… это был мой первый опыт

Tant de douleur et de peine et de solitude
Вся эта боль и страдание и одиночество

Solitude
Одиночество

Isolement existentiel, la vallée de la solitude
Экзистенциальная изоляция – это долина одиночества,

Un phénomène rare de nos jours
Явление на сегодняшний день редкое

D'où tu sais cela, comment sais-tu cela
Откуда ты знаешь это

Je ne peux rien
Пока ничево не могу

Vous pourriez, vous pouvez penser ceci
Можно подумать это

Dis-moi où je devais aller
Скажи куда мне идти

Tu veux savoir au sujet de…
Ты желаешь знать о…

Tu veux en savoir plus
Желаешь знать или вообще

C'est un problème ou un choix personnel ?
Это проблема или добровольный выбор ?

Le mieux
Ту же самую

Chercher et choisir le mieux
Ищи и выбирай ту самую

La beauté n'est pas importante
Не красота важна

Ouvert
Открытый, Открыт

Fermé
Закрытый, закрыт

Porte ouverte, fermée
Дверь открыта, закрыта

Toi ici ? Puis-je demander quelque chose ?
Ты здесь? Можно спрошу кое о чем ?

Je n'ai pas d'amis Français, j'ai des connaissances, mais ils ne parlent pas Russe
У меня почти нет французских друзей, Есть знакомые, Они не говорят по русски

Tu es très attrayant
Ты весьма привлекателен

Tout ceci est droit (vrai), moi aussi je pense cela
Это все правильно, я тоже так думаю

Il est fou
С ума сойти

J'aime les gens joyeux
Люблю веселых людей

Je te remercie pour ton sens de l'humour
Я ценю твое чувство юмора

Je ne peux pas dormir longtemps
Не могу долго заснуть

Ne pas vous laisser dormir
Не давая вам заснуть

Nos choix sont inconscients ?
А наш бессознательный выбор ?

Le destin
Судьба

Traitement médical
Дечение

Allergie médicamenteuse
Аллергия лекарства

Une fois par jour
Раза день

Avant, après les repas
Перед едой, после еды

Durant quelques jours
В течение дней

Durant une semaine
В течение недели

Tension sanguine
Давление

Hyper tension
Высокое давление

J'ai eu une crise cardiaque il y a …années en arrière
У меня был сердечный приступ...лет назад

Dans quels cas une crise cardiaque peut être confondue avec la grippe ou la fatigue due au travail ?
В таких случаях сердечный приступ можно принять за грипп или усталость от работы ?

Huit années en arrière j'ai eu un infarctus
8 лет назад. инфаркт у меня был

Le signe le plus commun d'une crise cardiaque - douleur thoracique avec un impact sur le bras ou la mâchoire
Самый частый признак сердечного приступа - боль за грудиной с отдачей в руку или челюсть.

L'ALPHABET RUSSE

РУССКИЙ АЛФАВИТ

IMPRIMERIE	ÉCRITURE	APPELLATION	IMPRIMERIE	ÉCRITURE	APPELLATION
А а	*А а*	a	Т т	*Т т*	té
Б б	*Б б*	bé	У у	*У у*	ou
В в	*В в*	vé	Ф ф	*Ф ф*	effe
Г г	*Г г*	ghé	Х х	*Х х*	cha
Д д	*Д д*	dé	Ц ц	*Ц ц*	tsé
Е е	*Е е*	é	Ч ч	*Ч ч*	tché
Ж ж	*Ж ж*	jé	Ш ш	*Ш ш*	cha
З з	*З з*	zé	Щ щ	*Щ щ*	chtcha
И и	*И и*	i	Ъ ъ	*Ъ ъ*	ierre
І і	*І і*	i	Ы ы	*Ы ы*	ieroui
К к	*К к*	ka	Ь ь	*Ь ь*	ierie
Л л	*Л л*	elle	Ѣ ѣ	*Ѣ ѣ*	iatie
М м	*М м*	emme	Э э	*Э э*	é
Н н	*Н н*	enne	Ю ю	*Ю ю*	iou
О о	*О о*	o	Я я	*Я я*	ia
П п	*П п*	pé	Ѳ ѳ	*Ѳ ѳ*	fita
Р р	*Р р*	erre	Ѵ ѵ	*Ѵ ѵ*	isskrate koyou
С с	*С с*	esse	V v	*V v*	igitsa

Il y a 21 consonnes en Russe :

б, в, г, д, ж, з, к, л, м, н, п, р, с, т, ф, х, ц, ч, ш, щ.

Cinq consonnes sont spéciales et n'ont pas de correspondance dans l'alphabet français :

х, ц, ч, ш, щ.

La consonne й est parfois appelée une demi-voyelle. Il y a 10 voyelles :

$$\text{а, э, ы, у, о, я, е, ё, ю, и.}$$

Les voyelles russes sont divisées en deux groupes :

Les voyelles Molles, les voyelles dures sont

$$\text{а, э, ы, у, о.}$$

et

Les voyelles Dures, les voyelles dures sont issues des voyelles dures en y ajoutant un son en "y" au début.

$$\text{"y" а, "y" э, "y" ы, "y" у, "y" о.}$$

On obtient donc des voyelles molles :

я (Ya), е (Yé), ё (Yo), ю (YOU), и (Yi).

En Russe, deux lettres ne désignent aucun son : le "signe mou" (ь) et le "signe dur" (ъ), c'est une sorte de ponctuation avec accentuation.

Voyelle dure	Voyelle molle
А а	Я (Ya)
Э è	Е (Yé)
Ы y	И (Yi)
У (OU)	Ю (YOU)
О (o)	
Ё (Yo)	

RECAPITULATIF PRONONCIATION

Х х	XA	Prononcer **XA**
Ц ц	Tsé	Consonne toujours dure, prononcer **TSE**
Ч ч	Tché	Consonne toujours mouillée, prononcer **TCHE**
Ш ш	Che	Consonne toujours dure, prononcer **CHA**
Щ щ	Shtcha	Consonne toujours mouillée, prononcer **STCHA**
Ъ ъ	signe dur	**TVYORDY ZNAK**
Ь ь	signe mou	**MYAKY ZNAK**
Ы ы	YY	Le "i dur" s'obtient en reculant la lèvre du bas en dedans pour **UY**. Derrière une labiale (p,b,f,v,m) il faut intercaler un **FUY** ou **WUY**.
А а	A	Prononcer **A**
Б б	B	Prononcer **BE**
В в	V	Prononcer **VE**
Г г	G	Prononcer **GUE**
Д д	D	Prononcer **DE**

Е е	YE	Le **E** vaut en réalité **ie** ou **io**. Lorsque **e** vaut **io** (toujours placer l'accent), la règle est d'utiliser le tréma : **ë**
Ж ж	J	Consonne toujours dure, prononcer **JE**
З з	Z	Prononcer **ZE**
И и	I	Prononcer **I**
Й й	YI	Prononcer **YI**
К к	K	Prononcer **KA**
Л л	L	Prononcer **ELLE**
М м	M	Prononcer **EME**
Н н	N	Prononcer **ENE**
О о	O	Prononcer **O**
П п	P	Le **P** dur est identique au **P** français, il s'obtient en ajoutant un petit e très bref. prononcer **PE**
Р р	R	Il faut rouler les **R**, prononcer **ER**
С с	S	Prononcer **ESS**

Т т	T	Prononcer	TE
У у	U	Prononcer	OU
Ф ф	F	Prononcer	EFFE
Э э	E	Prononcer	E
Ю ю	YOU	Prononcer	YOU
Я я	YA	Prononcer	YA

A la leçon, je suis au courant de l'affaire

На уроке я в курсе дела

NA UROKYE YA FKURSE DELA

En fin de mot, les consonnes deviennent des consonnes sourdes, la prononciation change alors pour le son d'une autre lettre.

Lettre et nouvelle lettre avec prononciation		
Б	П	Pé
В	Ф	EF
Г	К	KA
Д	Т	Té
З	С	ES

Certaines voyelles ne se prononcent pas de la même façon en fonction de si elles sont accentuées ou non.

Le **"e"** accentué se prononce **"yé"**, alors que sans l'accentuation, il se prononce **"y"**.

Le **"o"** accentué se prononce **"o"** (fermé), alors que sans l'accentuation, il se prononce **"a"**, exemple : **Олег** - **ALEG**.

Lettre	Prononciation ACCENTUEE
e	Yé
O	A

ANTISECHES

Orthographe pronoms avec les prépositions

Qui ?	Je	Nous	Toi	Vous	Il	Ils
De qui ?	De moi	De nous	De toi	De vous	De lui	D'eux
Vers Qui ?	Vers moi	Vers nous	Vers Toi	Vers vous	Vers lui	Vers eux
A qui ?	à moi	à nous	à toi	A vous	A lui	à eux
Aveq qui ?	Avec moi	Avec nous	Avec toi	Avec vous	Avec lui	Avec eux
Pour qui ?	Pour moi	Pour nous	Pour moi	Pour vous	Pour lui	Pour eux

Правописание местоимений с предлогами

Правописание местоимений с предлогами						
Местоимения с предлогами пиши раздельно!						
	1-е лицо		2-е лицо		3-е лицо	
	ед.ч.	мн.ч.	ед.ч.	мн.ч.	ед.ч	мн.ч
кто?	я	мы	ты	вы	он	они
у кого?	у меня	у нас	у тебя	у вас	у него	у них
к кому?	ко мне	к нам	к тебе	к вам	к нему	к ним
на кого?	на меня	на нас	на тебя	на вас	на него	на них
с кем?	со мной	с нами	с тобой	с вами	с ним	с ними
о ком?	обо мне	о нас	о тебе	о вас	о нём	о них

DECLINAISONS

La déclinaison russe ne comporte plus aujourd'hui que six cas

Nominatif Именительный	QUI ? QUOI ? Кто ? Что ?
Génitif Родительный	DE QUELQU'UN ? CE QUE ? Кого ? Чего ?
Datif Дательный	LEQUEL ? QUEL ? Кому ? Чему ?
Accusatif Винительный	POUR QUI ? QUOI ? Кого ? Что ?
Ablatif Творительный	AVEC QUI ? DE QUOI ? Кем ? Чём ?
Prépositionnel Предложный	DE QUI ? DE QUOI ? О ком ? О чём ?

SONORITES DE PRONONCIATION

Monsieur **Господин**

GASPODYN

Madame **Госпожа**

GASPAJA

Allons-y **Пойдем**

PAYDYOM

Allons déjeuner **Пойдем обедать**

PAYDYOM ABYDYET

Déjeuner **Обедать**

ABYDYET

Oleg (nom propre) **Олег**

ALEG

La prononciation peut avoir deux sonorités pour un même mot selon la personne qui le prononce, ayez l'oreille :

Monsieur **Господи́н**

GASPODYN

Monsieur **Господин**

GOSPODYN

Communiquer **Общаться**

OBCHATSYA

Communiquer **Общаться**

ABCHAETSYE

Il n'y a pas de règle en russe indiquant quelle syllabe du mot doit être accentuée. Pour cette raison, même les Russes ne savent pas eux-mêmes comment prononcer correctement certains mots – les uns les prononcent d'une certaine manière, les autres d'une autre manière.

En russe, il n'y a pas de règles régissant la position de l'accent tonique.

La place de l'accent peut changer toute la signification du mot, exemples (**приме́ры**) :

La main : **рука́** (singulier) – **ру́ки** (pluriel)

La jambe : **нога́** (singulier) – **но́ги** (pluriel)

Nous en profitons pour souligner au passage que main et pied sont féminins, les Russes disent une main, un pied.

Le changement de place de l'accent peut changer la signification du mot, exemples (**приме́ры**) :

Farine **Мука́**

MOUKA

Torture **Му́ка**

MOUKA

La serrure **Замо́к**

ZAMOK

Château **За́мок**

ZAMOK

Déjà **Уже́**

OUJE

Plus **étroit Уже**

OUJE

Des homonymes sont fréquents dans la langue parlée :

La clé **Ключ**

KLOUTCH

et

important **Ключевой**

KLOUTCHEVOY

Cardan **Вал**

VAL

Ce mot veut aussi dire valeur, un joint, une vague, arbuste, un fusil, une partie d'une machine conçue pour la transmission du couple.

CARACTERISTIQUES DE LA LANGUE RUSSE

Les majuscules (**Загла́вные бу́квы**)

Les Russes ne mettent pas de majuscules aux noms de jours de la semaine et de mois :

Août **Август**

AVGUST

Mardi **Вто́рник**

FTORNYK

Aux mots dérivés de noms propres :

dérivés de MOSCOU **Москва́**

MASKVA

Moscovite **Моско́вский**

MOSKOVSKY

dérivés de RUSSIE **Россия**

RASSYA

dérivés de Russe **Росси́йский**

ROSYSKY

251

Les Russes ne mettent pas de majuscules aux mots désignant la nationalité :

Italien **Италья́нец**

ITALYANETS

Américain **Америка́нец**

AMERIKANETS

Française **Францу́женка**

FRANCHUJENKA

Les Russes ne mettent pas de majuscules aux titres ou aux mots pour s'adresser aux gens :

Monsieur **Господи́н**

GASPODYN

Professeur **Профе́ссор**

PROFESSOR

Les deux seuls cas où vous devez utiliser une majuscule sont :
1)° Si c'est le début d'une phrase….
2)° Si c'est un nom propre d'une personne, une ville un état etc…

Orthographe : les voyelles **Я, Ю, Ы** et **О**

(Правописа́ние: гла́сные Я, Ю, Ы и О)

Il y a trois règles d'orthographe très importantes en russe.

N'écrivez jamais les voyelles **Я** et **Ю** après les consonnes **Г, К, Х, Ш, Ж, Щ, Ч, et Ц, Я** doit être remplacée par **А**, et **Ю** doit être remplacée par **У**, exemples (**приме́ры**) :

La tasse **Ча́шка**

STACHKA

Marcher **Шага́ть**

CHAGAT

L'oiseau **Пти́ца**

PTYSTA

Admirer **Восхища́ться**

VASXYCHATSYA

Exceptions (**исключе́ния**) :

Parachute **Парашю́т**

PARACHYOUT

Brochure **Брошю́ра**

BROCHYOURA

Après les consonnes **Г, К, Х, Ш, Ж, Щ, Ч** (mais pas **Ц**) on n'utilise jamais la voyelle **Ы**, qui doit être remplacée par **И**.

Large Широ́кий

CHYROKY

Bon Хоро́ший

XOROCHY

La vie Жизнь

JYZN

Après les consonnes **Ш, Ж, Щ, Ч,** et **Ц,** la voyelle **O** est remplacée par **E** quand elle n'est pas accentuée.

Accentuée :

Petit coléoptère Жучо́к

JUTSOK

(Forme diminutive)

Non accentuée :

Petit-fils Вну́чек

BNUKTSEK

(Forme diminutive)

PRESENT SINGULIER

OU PLURIEL

Sans rentrer dans une grammaire compliquée j'aborderai quand même, le masculin, et le féminin, le pluriel, le passé et le futur de façon simple.

Au passé la même forme sert pour trois personnes que ce soit au singulier ou au pluriel, ainsi pour les trois genres nous dirons comme suit :

Я (Je-moi) : Je comprenais Я понимал

YA PONYMAL

ты (Tu-toi) : Tu comprenais Ты понимал

TY PONYMAL

Он (il) : Il comprenait Он понимал

ON PONYMAL

Она (Elle) : Elle comprenait Она понимала

ONA PONYMALA

Мы (Nous) : Nous comprenions Мы понимали

MY PONYMALY

Вы (Vous) : Vous **compreniez** Вы понимали

VY PONYMALY

Они (Ils-Elles) : Ils (elles) comprenaient **Они понимали**

ONY PONYMALY

Mais revenons au présent sur les masculins et féminins, d'abord les deux genres au présent.

Tu-est bon au masculin :

Ты хороший-это мужской род

Tu-est bonne au féminin :

Ты хорошая- это женский род

Mon lit c'est féminin (En France un lit, en Russie Un lit).

Моя постель, Моя кровать

MOYA POSTELY, MOYA KROVAT

Amour – Elle, c'est au féminin cela signifie Une Mon Amour.

(En France un amour, en Russie une amour)

Любовь – Она женский род

Значит-Моя Любовь

LYOUBOV – ONA JENSKY ROD

ZNACHYT - MOYA LYOUBOV

Chienne et chatte également au féminin, un chat au masculin

Собака, Кошка, Это Женский Род (féminin)
SOBAKA, KOCHKA, ETA JENSKY ROD

А кот это мужской род мужской род (masculin)
A KOT ETA MOUJKOY ROD

Un médecin c'est masculin
Врач - Мужской Род
VRATCH MOUJKOY ROD

Un homme répondra :

Je comprenais **Я понимал**
YA PONYMAL
Je disais **Я говорил**
YA GOVORYL

Une femme répondra :

Je comprends **Я понимала**
YA PONYMALA

Je disais **Я говорила**
YA GOVORYLA

Exemples avec le verbe se promener **гулять GOULYAT**, masculin, féminin, pluriels et neutre :

Je me promène **Я гуляю**

YA GULYAYOU

Tu te promènes **Ты гуляешь**

TY GOULYAECH

Il elle se promène **Он, Она гуляет**

ON ONA GOULYATE

Nous nous promenons **Мы гуляем**

MUY GOULYAEM

Vous vous promenez **Вы гуляете**

BUY GOULYATE

Ils se promènent **Они гуляют**

ONY GOULYAYOUT

Alors que tous se promènent **Пока все гуляют**

POKA VSYOU GOULYAOUT

Je suis assis ici et je pense à quelle femme idéale je veux

Сижу вот и думаю, какой идеал жены я хочу

Au pluriel on dira :

Nous comprenions **Мы понимали**

MY PONYMALY

Nous disions **Говорили**

MY GOVORYLY

Au présent le verbe comprendre s'accordera comme suit,

Je comprends **Я понимаю**

YA PONYMAYOU

Tu comprends **Ты понимаешь**

TY PONYMAECH

Elle comprend **Она понимает**

ONA PONYMAETE

Nous comprenons **Мы понимаем**

MY PONYMAEM

Vous comprenez **Вы понимаете**

VY PONYMAETE

Ils (elles) comprennent **Они понимают**

ONY PONYMAOUT

Je comprends **bien** Я правильно понял

YA PRAVYLNA PONYAL

Je suis passée Я прошла

YA PROCHLA (féminin)

Je suis passé Я прошел

YA PRACHOUL (masculin)

Je suis passé la Sibérie (j'ai passé) Я прошел Сибирь

YA PRACHOUL SYBYR

Je parle Я говорю

YA GOVORYOU

Tu parles Ты говоришь

TY GOVORYCH

Elle parle Она говорит

ONA GOVORYT

Nous parlons Мы говорим

MUY GOVORYM

Vous parlez Вы говорите

VUY GOVORYTE

Ils (elles) parlent Они говорят

ONY GOVORYAT

Je fais Я де́лаю

YA DYELAYOU

Tu fais Ты де́лаешь

TY DYEALAECH

Il fait Он де́лает

ONA DYELAETE

Nous faisons Мы де́лаем

MUY DYELAEM

Vous faites Вы де́лаете

VUY DYELAETE

Ils font Они де́лают

ONY DYELAOUT

Des affirmations brèves expriment aussi un temps présent, ce ne sont pas des conjugaisons mais des affirmations :

C'est clair **Ясно**

YASNA

C'est compris **Понял**

PONYAL

Bien **Хорошо́**

XARACHO

D'accord **Ла́дно**

LADNA

Exactement **Точно**

TOCHNA

Cela **Так**

TAK

Simplement ainsi **Просто так**

PROSTA TAK

Je demande **Прошу**

PRACHOU

J'attends beaucoup **Очень жду**

OTCHEN JDOU

J'attends **Жду**

JDOU

Je suis passé **Прошел**

PRACHOUL

Lequel **Какую**

KAKUYOU

Laquelle **Какая**

KAKAYA

Aussi **Также**

TAKJE

Juste **Так же**

TAK JE

Ainsi que (tout comme) **Так же как**

TAK JE KAK

C'est ainsi **Вот так**

VOT TAK

C'est ça (c'est ainsi) **Это так**

ETA TAK

Précisément ainsi Точно также

TOCHNA TAKJE

Simplement ceci Так Просто

TAK PROSTA

Et c'est tout Вот и всё

VOT Y VSYOU

Quelques exemples de questions au présent :

Pourquoi souhaitez-vous obtenir cet endroit ?
Почему Вы хотите получить это место ?

Et quel mariage voulez-vous ?
А какую свадьбу хотите вы ?

Quelle vie voulez-vous vivre ?
Какую жизнь вы хотите прожить?

Quelle voiture voulez-vous à l'avenir ?
Какую вы хотите машину в будущем ?

Que voulez-vous acheter ?
Какую вы хотите куклу ?

Je dois savoir ce que le salaire que vous voulez recevoir, pour rendre votre offre finale
Мне нужно знать, какую зарплату вы хотите получать, чтобы сделать вам конечное предложение

Comment puis-je savoir ce que le salaire de demander à l'employeur ?
Как узнать, какую зарплату просить у работодателя ?

Quelle somme a proposé le recruteur ?
Какую сумму назвать рекрутеру?

Quel livre voulez-vous, Celui-là ?
Какую книгу вы хотите? Такую?

Et quelle retraite voulez-vous obtenir ?
А какую пенсию хотите получать вы ?

Quelle profession voulez-vous choisir ?
Какую профессию вы хотите выбрать ?

Combien voulez-vous maintenant ?
А сколько хотите сейчас ?

Pourquoi voulez-vous avoir cette profession ?
Почему вы хотите именно эту професию ?

Quelle information voulez-vous voir ?
Какую информацию вы хотите видеть ?

Quel programme voulez-vous jouer pour le concert ?
какую вы хотите отыграть программу на концерте ?

Quel doit-être le chauffage au sol ?
Какой должна быть подложка тёплого пола ?

Alors écrivez au sujet de l'assemblage que vous souhaitez voir ici
И так пишите про свою сборку которую вы хотите увидеть тут

Comment expliquer au coiffeur la coiffure que vous voulez ?
Как объяснить парикмахеру, какую прическу вы хотите ?

Quelle coiffure voulez-vous ?
Какую прическу вы хотите ?

Quelle carte voulez-vous voir ?
Какую карту вы хотите видеть ?

Quelles informations fournir à la banque si vous voulez obtenir un crédit ?
**Какую информацию стоит сообщить банку,
если вы хотите получить кредит?**

Pourquoi voulez-vous travailler pour notre compagnie ?
Почему Вы хотите работать в нашей компании ?

Quel livre voulez-vous prendre ?
Какую книгу вы хотите возьмете ?

Dans quel genre de musique ?
Где и под какую музыку ?

Quel genre de mascara choisir ?
Какую тушь выбрать ?

Quelle carte mémoire choisir ?
Какую карту памяти выбрать?

Vous pouvez rencontrer quelques difficultés ?
То могут возникнуть некоторые трудности ?

LES VERBES PERFECTIFS ET IMPERFECTIFS

Les deux aspects, perfectif et imperfectif, peuvent être utilisés au passé et au futur, à l'impératif et à l'infinitif.

Je rappelle que seul l'imperfectif est utilisé pour le temps présent.

Au présent l'action est exprimée par le verbe, elle est en cours, elle ne sera pas terminée, elle ne se fera pas après car elle se fait maintenant, donc exclusivement en PERFECTIF.

Ceci est un point difficile de la langue russe pour les francophones. Nous allons un peu séparer le problème en traitant ici le passé puis le futur. Quand doit-on utiliser l'imperfectif, quand doit-on utiliser le perfectif.

Pourquoi ? Car seul l'imperfectif est utilisé pour le temps présent.

Un verbe perfectif ne possède donc que deux temps : le passé et le futur. Son futur est appelé aussi présent-futur, car il se conjugue comme un présent.

Alors, comment définir l'aspect du verbe ? Quelle est la différence ?

Au perfectif on insiste sur une action terminée, alors qu'à l'imperfectif, l'action est plus globale, quelque chose qui peut survenir, pourra avoir lieu, où va très certainement se produire.

Formation du verbe perfectif à partir de l'imperfectif

Exemple avec Interdiction :

Interdiction **Нельзя́** (+ imperfectif)

NELZYA (+ imperfectif)

Il est interdit de l'aider,
il doit résoudre tout seul le problème

**Нельзя́ ему помога́ть,
Он до́лжен реши́ть зада́чу сам**

NELZYA EMU POMOGAETE – ON DOLJEN RYCHYT ZADASCHOU SAM

Exemple avec Impossibilité

Interdiction **Нельзя́** (perfectif)

NELZYA (perfectif)

On ne peut pas l'aider : c'est déjà trop tard

Нельзя́ ему́ помо́чь - Уже́ сли́шком по́здно

NELZYA YEMOU MOMOSCH –

OUJE SLYCHKOM POZDNA

Dans la très grande majorité des cas, on distingue le perfectif de l'imperfectif par trois catégories distinctes :

Par un préfixe le préfixe **на NA**, par exemple on a pour le verbe écrire, l'imperfectif **писать PYSAT** et son perfectif est pour écrire написать **NA PYSAT**. C'est l'ajout du préfixe **на NA** qui fait passer le verbe de l'imperfectif au perfectif.

Par modification du verbe : par exemple, on a pour l'imperfectif du verbe oublier, **забывать** et забыть pour sa forme au perfectif.

Par dérivation à partir d'une racine complètement différente : par exemple, le verbe parler en russe se dit **говорить** GAVORYTE à l'imperfectif ou **сказать** SKAZAT au perfectif.

Le verbe parler imperfectif : **Разговаривать**

Exemple au futur,

Je ne vais plus te parler

Я не буду больше с тобой разговаривать

YA NE BOUDOU BOLCHE S TOBOY RAZGOVORYVAT

Exemple au présent,

Les gens veulent parler les uns avec les autres

Люди будут разговаривать друг с другом

Juste pour parler **Толбько на разговаривать**

TALKA NA RAZGOVORIVAT

269

LES PREFIXES

Les Russes utilisent des préfixes précisant la distance, le moment ou la destination.

A **в**
(Prononcer F) **F**

Indique Le lieu où on se situe : ville, pays, endroit, domicile, bureau, magasin ville, pays, endroit où l'on est.

Pour **Ha**

NA

Indique un lieu où on va aller : ville, pays, endroit, domicile, bureau, magasin où l'on va se rendre.

Jusqu'à **До**

DO

Indique jusqu'à la fin, jusqu'au début, jusqu'au rendez-vous, ou depuis

Avec **C**

ESS

Depuis la maison jusqu'au travail   **С дом до работе**
ESS DOM DO RABOTE

A ou pour **за**

ZA

Indique une notion de temps en 1 jour, en 2 heures, à demain, pour demain.

Pour un certain temps **За известно време**

ZA ISVYSTYA VRYMYA

LES PREPOSITIONS

Sur la valeur, les prépositions sont divisées en spatiale, temporelle, causale, ciblée, moyen d'action, désigne la cible de. La même préposition peut exprimer des significations différentes.

По значению предлоги делятся на пространственные, временные, причинные, целевые, предлоги образа действия, дополнительные.

Один и тот же предлог может выражать разные значения.

1°) Emplacements spaciaux, Marqueurs de lieu :

Пространственные (указывают на место)
- de   OU у,
- a   F в,
- pour   NA на,
- a cause de   IZ-ZA из-за,
- par   POD под,
- a coté   OKOLO около,
- autour   VOKROUK вокруг,
- de qui   OU у,
- pour   KA к,
- sur   NAD над...

2°) Marqueurs de temps :

временные (указывают на время)

1. de   DO До,
2. vers   F в,
3. avec   ESS с,
4. après   CHEREZ через,
5. au sujet de   PO по...

3°) De causes, **Причинные**

Les causes sont données Ууказывают на причину

Pour le travail По работе

PO RABOTE

Comme pour moi Как по мне

KAK PO MNYE

D'un train en mouvement От движущегося поезда

OT DJUVYSSYA

A cause d'elle Из-за нее

IZ ZA YEE

4°) Indicateur de cible :

Целевые (указывает на цель)

- Pour moi **Для мне**

- pour, à, à l'attention de… **NA На**

- pour le **RADY Ради**

- pour le bien de tous **Ради по всем**

- pour **ZA за,** au sujet **PO По**…

5) Indicateur d'action, la nature de l'action :

Браза дейтсвия (указывают на образ дейтсвия)

- Avec AVEC **ESS С,**
- Sans **BYZ Без,**
- Vers **EFF В,**
- Pour **PO По…**

6°) L'indicateur désigne l'objet sur lequel l'action est dirigée :

Дополнительные

(Указывают на предмет, на который направлено действие)

- Sur **O о,**
- Au sujet de **OB Об,**
- A propose de **PRO про,**
- Avec **ESS С,**
- Pour **PO По…**

Afin de comprendre cette démonstration on va reformuler les six indicateurs sur un tableau d'antissèche récapitulatif.

Classement Разряды	Prépositions Предлоги	Exemples Примеры
Spaciale Indique la direction, l'emplacement, source d'action Пространственные Указывают направление, место, источник действия	в, на, из-за, под, около, вокруг, у, к, над, и др	Je vais **au** cinéma Иду в кино Je vais **à** l'examen Иду на экзамен Je sors du coin Вышел из-за угла
Temporaire Indique le temps Временные Указывают на время	через, к, до, с, перед, в течение, и др	Il est venu après une heure Пришел через час Il est venu pour le dîner Пришел перед обедом Venez dans l'heure Придет в течение часа
Causale Indiquez la raison Причинные Указывают на причину	по, от, вследствие, из-за, за, ввиду, и др	Par la faute de l'étudiant по вине студента A cause de de la négligence из-за неосторожности Suite au tremblement de terre вследствие землетрясения
Ciblée Indique le but, la raison Целевые Указывают на цель, причину	для, ради, на, и др.	Pour la prévention de la grippe для профилактики гриппа Pour l'amour de la vie sur terre ради жизни на земле Pour un jour noir на черный день

Moyen d'action Point à l'image, la façon dont la nature de l'action **Образа действия** Указывают на образ, способ, характер действия	с, без, в, по, и др.	Je marche sur une corde raide шел по канату Je suis allé sans assurance шел без страховки Je l'ai fait avec plaisir делал с удовольствием
Désigne la cible Souligne l'objet sur lequel l'action est dirigée **Дополнительные** Указывают на предмет, на который направлено действие	о, об, про, с, по, насчет, и др.	Je parlais d'un autre отзывался о друге Je parlais des amis говорил про друзей Il n'y a pas eu de sujets de conversation avec vous насчет вас разговора не было

Que ce soit, que tu sois, quel que soit **Чтобы**

CHTOVY

Ensemble ou séparément ?

Dans la vie, utilisé les deux variantes de l'écriture, mais dans la grande majorité des cas, il est écrit en un seul mot

Слитно или раздельно?

В жизни используются оба варианта написания, однако в подавляющем большинстве случаев «чтобы» пишется слитно

Quand dois-je écrire séparément ? (Quel que soit)

Exemples :

Quoi qu'il arrive, un ami sera toujours prêt à aider
Что бы ни случилось, друг всегда придет на помощь

Je ne vous crois pas, que vous ayez parlé de moi
Я вам не поверю, что бы вы мне ни говорили

Je te soutiens toujours, quoi que tu penses
Я всега поддержу тебя, что бы ты ни придумал

Ques-ce que je dois demander au président ?
Что бы мне спросить у президента?

Que dois-je demander au président ?
Что мне спросить у президента?

Lorsque que ce soit est ajouté au mot jamais

Слово чтобы НИКОГДА

CLOVA CHTOBY NYKAGDA

Il est correct d'écrire sans aucun trait d'union

Правильно: чтобы, что бы

Il est incorrect d'ajouter des traits d'union quel que soit leur forme avec jamais

Неправильно что-бы, что-бы, что-бы

Exemples de l'orthographe attachée du mot **CHTOBY**

Примеры слитного написания слова чтобы

Tout le monde veut être aimé et respecté
Каждый человек хочет, чтобы его любили и уважали

La vie doit être vécue de manière à ce que ce ne soit pas une honte pour les années perdues
Жизнь надо прожить так, чтобы не было стыдно за бесцельно прожитые годы

Je voulais toujours que nous soyons ensemble
Я всегда хотел, чтобы мы были вместе

Je ne veux pas que l'on ait besoin de sourire de moi
Не хочу, чтобы надо мной смеялись

Pour acheter quelque chose de précieux, vous devez d'abord vendre quelque chose de précieux.
Чтобы купить что-то ценное, надо сначала продать что-то ценное

Pour demain matin sera un rapport sur mon bureau
Чтобы завтра утром отчет был у меня на столе

Pour acheter quelque chose vous devez d'abord avoir quelque chose à vendre
Чтобы что-то купить, надо сначала что-то продать

Je voudrais que tout soit bien
Так хочется, чтобы все было хорошо

Certains vivent pour manger et d'autres mangent pour vivre
Некоторые живут, чтобы есть. А некоторые едят, чтобы жить

Exemples de l'orthographe séparée du mot CHTOBY :

Примеры раздельного написания слов что бы

Il pensait à lui-même, que peut-elle faire dans cette situation ?
Сам подумай, что бы она могла сделать в такой ситуации ?

Qu'est-ce que tu as dit que si étais à ma place ?
Что бы ты ответил, будь ты на моем месте?

Quoi que tu puisses dire, je reste toujours sur mon propre avis
Что бы ты ни говорил, я всё равно останусь при своем мнении

Quoi qu'il puisse arriver, rappelle-toi que je suis toujours prêt à t'aider
Что бы ни случилось, помни, что я всегда готов тебе помочь

Quoi qu'il doive faire, il ne doit jamais commencer par la fin
Что бы он ни делал, он никогда не доводил начатое до конца

Divers exemples du mot CHTOBY dans les deux versions :

Comment dire cela, pour que ce soit parfaitement compris
Что бы такое сказать, чтобы было и правильно и понятно

Que veux-tu lui répondre pour ne pas l'offenser accidentellement
Что бы ей ответить, чтобы случайно не обидеть

Que tu puisses essayer de faire
Что бы ты ни пытался сделать

Afin de comprendre il est nécessaire de penser
Чтобы понять — надо подумать

Je veux que tu sois toujours à côté de moi
Я хочу,чтобы ты всегда был со мной рядом

Je veux que tu ne sois jamais malade
Я хочу,чтобы я никогда не болела

Je veux que mes enfants soient toujours en bonne santé et heureux
я хочу,чтобы мои дети всегда были здоровы и счастливы

Je veux que ce soit **Я хочу чтобы было**

YA XATCHOU CHTOVY BYLA

Je veux que toutes les personnes soient heureuses

Я хочу чтобы было счастье всем людям

YA XATCHOU CHTOBY BYLO

SHASTYE VCEM LYOUDAM

Ou bien pour être en bonne santé, nous devons faire du sport,
Или вот так- Чтобы быть здоровым,надо закаляться и заниматься спортом

Comment être = être en bonne santé

Каким быть = быть здоровым

KAKYM BYT - BYT ZDOROBYM

Je voudrais que tu sois à côté, **XACHETSYA CHTOBY TY BYL RYADOM** c'est au masculin quand tu parles à un homme

Хочется чтобы ты был рядом это мужской род, если бы ты говорил о мужчине

et pour une femme **XACHETSYA CHTOBY TY BYLA RYADOM**, ceci est au féminin

А о женщине-хочется, чтобы ты была, так как это женский род

Les verbes Russes vont par deux dans la plupart des cas en commençant par l'imperfectif et en finissant par le perfectif.

C'est à dire qu'on les apprend sur le schéma imperfectif - perfectif.

Voici une liste de verbes courants à l'imperfectif et au perfectif :

Faire **Делать – Сделать**

DYELAT – SDYELAT

Téléphoner **Звонить – Позвонить**

ZVONYTE – POZVONYTE

Ouvrir **Открывать – Открыть**

ATKRYVAT – ATKRYTE

Fermer **Закрывать / Закрыть**

ZATKRYVAT – ATKRYTE

Écrire **Пписать – Написать**

PYSAT - NAPYSAT

Boire **Пить – Выпить**

PYT – VNYPYT

Jouer **Играть – Выиграть**

YGRAT – VNYGRAT

Parler **Говорить – Сказать**

GOVORYTE - SKAZAT

Oublier **Забывать – Забыть**

ZABYVAT – ZABYT

Voici des mots entraînant souvent l'usage de l'imperfectif

Toujours **Всегда́**

BSYGDA

Jamais **Никогда́**

NYAGDA

Parfois **Иногда́**

NYOGDA

Souvent **Ча́сто**

TCHASTO

Rarement **Ре́дко**

REDKO

Chaque jour **Ка́ждый День**

KAJDYE DYEN

Longtemps **До́лго**

DOLGA

Commencer **Начина́ть**

NACHYNAT

Finir **Конча́ть**

KONTCHAT

Continuer **Продолжа́ть**

PRODOLJAT

Voici des mots entraînant souvent l'usage du perfectif :

Une fois **Оди́н раз**

ADY RAZ

Quelques fois **Не́сколько раз**

NESKOLKA RAZ

Il faut **На́до**

NADO

Il faut **Ну́жно**

NOUJNA

Vouloir Хотéть XOTYETE

Pouvoir мочь MOJ

Choisir Выбрать VYVAYTE

Le verbe parler au présent :

Je parle Я разговариваю
YA RAZGOVORYVAYOU

Tu parles Ты разговариваешь
TY RAZGOVORYVAECH

Il, elles parlent Он, она, оно разговаривает
ON ONA ONO RAZGOBORYVAET

Nous parlons Мы разговариваем
MY RAZGOVORYVAEM

Vous parlez Вы разговариваете
VUY RAZGOVORYVAETE

Ils parlent Они разговаривают
ONY RAZGOVORYVAYOUT

COMMENT CHOISIR LE PERFECTIF OU L'IMPERFECTIF DANS LES TEMPS

Le Passé

Si l'action se situe au passé, les questions à se poser sont les suivantes :

- L'action est-elle terminée, achevée, aboutie, accomplie, ou non ?

- L'action est-elle répétée, se reproduit-elle, se renouvelle, ou non ?

- L'Action est-elle accomplie, a eu lieu mais le résultat n'a pas été positif.

ACTION TERMINEE

Exemple avec le verbe faire

Делать DYELAT (imperfectif)

Сделать SDYELAT (perfectif)

Au perfectif on dira :

Qu'avez-vous fait hier ? **Что ты сделал вчера ?**

CHTO TY SDYELAL VTCHERA ?

Tu as fait un travail domestique hier ?

Ты сделал и домашнюю работу вчера ?

TY SDYELAL Y DOMACHNOUYOU

RABOTOU VTCHYERA ?

La question porte sur ce qui a été fait hier concernant le travail domestique à la maison, on vous demande si ce travail a été effectué hier et s'il a été achevé, en répondant OUI, on confirme, oui je l'ai bien fait et je l'ai fini.

A l'imperfectif on dira :

Qu'as-tu fait hier ? **Что ты делала вчера ?**

CHTO TY DYELALA ?

Tu faisais **Ты делала**

TY DYELALA

La question porte sur ce qui a été fait hier dans sa globalité, on ne vous demande pas si vous avez terminé, mais si vous avez passé du temps dessus, tu faisais quelque chose, cela a eu lieu et a eu une durée sans avoir de fin déterminée, un travail en cours, quelque chose qui pourra se poursuivre, se renouveler.

Exemple avec le verbe lire

Читать TCHYTAT (imperfectif)

Прочитать PROTCHYTAT (perfectif)

Au perfectif on dira :

Hier soir j'ai lu le journal

Я прочитал газеты вчера вечером

YA PROTCHYTAL GAZETYY VCHYERA VCHYEROM

Ce qui sous-entend, J'ai lu tout le journal dans son intégralité.

A l'imperfectif on dira :

Hier soir je lisais le journal **Вчера вечером я читал газеты**
VCHYERA VCHYEROM YA TCHYTAL GAZETY

Je lis le journal chaque jour **Ну, я читал газеты каждый день**
NOU, YA TCHYTAL GAZETY KAJDY DYEN

Avant je travaillais chaque jour
Раньше я работала каждый день
RANCHYE YA RABOTALA KAJDY DYEN

Dans les deux exemples j'ai lu le journal, mais au perfectif, j'affirme que j'ai lu entièrement tout le journal, et à l'imperfectif je dis simplement que j'ai lu le journal sans doute en partie, c'est une habitude qui se reproduit car je lis régulièrement le journal chaque jour comme précisé dans la seconde phrase.

Action répétée :

Pour une action régulière qui se répète on utilise l'imperfectif.

Quand j'étais étudiant, j'achetais souvent des cigarettes
Когда я был студентом, я часто покупал сигареты
KAKDA YA BYL STUDYENTOM,
YA TCHASTO POKOUPAL CYGARETY

Le conducteur doit céder le passage aux piétons

Водитель обязан уступить дорогу пешеходам

BADYTEL ABYEZAN OUSTOUPYT

DAROUGOU PYCHYXODAM

Ils discutent les dernières nouvelles

Они разговаривают о последних новостях

ONY RAZGOVORYVAYOUT

O PASLEDNYX NOVOSTYAX

Action terminée avec un résultat :

Pour une action donnée, un résultat fini on utilise le perfectif.

Quatre buts pour une quatrième victoire
ЧЕТЫРЕ ШАЙБЫ ДЛЯ ЧЕТВЕРТОЙ ПОБЕДЫ

Le Club de Petersburg :

Le club prend l'avantage avec un décompte de quatre buts.
Петербургский клуб уступал в счете с разницей в четыре шайбы

Action accomplie :

Parfois une action ne se produit qu'une fois et elle est terminée, on pense donc au perfectif. Mais pas toujours, si l'action est non aboutie, partiellement réalisée, inachevée, non réussie, soldée par un échec, dans ce cas, il faudra utiliser l'imperfectif.

Exemple avec le verbe sauver :

Спасать SPASAT (imperfectif)

Спасти SPASTY (perfectif)

Il sauva notre honneur

ОН СПАСАЛ НАШУ ЧЕСТЬ

ON SPASAL NACHE TCHYEST

Il a fait cela Он делал

ON DYELAL

Il essayait de sauver notre honneur sans y être parvenu ?
Il a fait cela, donc imperfectif.

Je t'ai sauvé la vie Я тебе жизнь спасла

YA TEBYA JYZN SPASLA

Je l'ai fait Я сделал

YA SDYELAL

Je travaille chaque jour Я работаю каждый день

YA RABOTAYOU KAJDY DYEN

Pour rappel, action réalisée ou accomplie perfectif au présent :

Il parle Он говорит

ON GOVORYTE

Pour rappel, action aboutie ou réussie au passé :

Il parlait **Он говорил**

ON GOVORYL

Elle a dîné **Она ужинала**

ONA OUJYNALA

Je reformule à nouveau un rappel pour le passé :

Le passé régulier se forme sur la base de l'infinitif, en remplaçant la désinence de la terminaison du verbe **ТЬ** par exemple le verbe faire делать (imperfectif) ou le verbe faire сделать (perfectif), par les terminaisons des genres masculins, féminins, singulier ou pluriel :

On finit le verbe par un **L, Л** au masculin **я** де́лал - сде́лал, et un **LA ЛА** au féminin **она** де́лала - сде́лала, un **LO ЛО** neutre **оно** де́лало сде́лало, un **LY ЛИ** au pluriel **Мы** де́лали, Сде́лали.

Verbe faire à l'IMPERFECTIF делать et au PERFECTIF сделать :

J'ai fait **Я де́лал – Сде́лал**

YA DYELAL - SDYELAL

Elle a fait **Она де́лала, Сде́лала**

ONA DYELALA - SDYELALA

Il a été fait **Оно де́лало сде́лало**

ONO DYELALO – SDELALO

Nous avons fait **Мы де́лали, Сде́лали**

MUY SDYELAL – SDYELALY

Pour un débutant, je préconise l'utilisation de déjà fait, il confirme que l'action qui lui est demandée à eu lieu :

Je l'ai déjà fait **Я уже сделал**

YA OUJE SDYELAL

Je l'ai fait **Я уже делал**

YA OUJE DYELAL

Je fais **Я делал**

YA DYELAL

C'est une sorte de dépannage pour les cas où l'on ne trouverait pas facilement quel type de passé utiliser.

LE SUBJONCTIF :

Au mode subjonctif quelques exemples spécifiques :

Par exemple le subjonctif au perfectif,

Quoi qu'il fasse **Что бы он ни делал**

CHTO BY ON NY DELAL

Que ferais-je sans toi ? **Что бы я без тебя делал ?**

CHTO BY YA BYZ TYBYA DELAL ?

Nous retrouverons l'imperfectif et le perfectif dans les accords du subjonctif, je propose de le décliner avec le verbe faire.

Que ferais-je ? **Я делал бы- Сделал бы ?**

YA DELAL BY – SDYELAL BY

Que ferait-elle ? **Она де́лала бы - Сде́лала бы ?**

ONA DELALA BY – SDYELALA BY

Que ferions-nous ? **Мы де́лали бы, сде́лали бы ?**

MUY DYELALY BY – SDYELALY BY

Que feriez-vous ? **Что бы вы сделали ?**

CHTO BY VY SDYELALY ?

Tout ce que tu ne peux pas dire **Что бы ты ни говорил**

CHTO BY TY NY GOBORYL

Quoi que j'ai pu faire **Что бы я ни делал**

CHTO BY YA NY DYELAL

Quoi que fasse un individu il doit le faire pour l'amour de Dieu

Что бы ни делал человек, он должен делать это ради Бога

CHTO BY NY DYELAL TCHYELOVEK,

ON DOLJEN DYELAT ETA RADY BOX

Pour rappel, l'utilisation du présent pour parler du futur :

Je souhaite qu'à chaque carrefour vos difficultés…
Я желаю чтобы на каждом твоем перекрестке трудностей

Vous pouvez rencontrer quelques difficultés
То могут возникнуть некоторые трудности

Cependant, à cet égard, certaines difficultés peuvent surgir
Однако в этом отношении могут возникнуть некоторые трудности

Combien vous ne ferez pas, si vous ne faites seulement que ce que vous voulez
как много Вы бы не сделали, если бы делали только то, что Вам хочется

Vous ne voulez pas que quelqu'un vous dérange avec mes appels et SMS ?
Не хотите, чтобы кто-то надоедал вам своими звонками и SMS ?

Sur liste noire   В черный список

F TCHORNYE SPYSOK

Possibilité d'ajouter dans la liste noire est uniquement disponible pour les contacts sur votre téléphone, si le contact est uniquement sur la carte SIM

Возможность добавления в черный список возможна только для контактов на телефоне, поэтому если контакт только на СИМ карте

LE FUTUR

L'avenir, le futur, le temps d'après :

Будущее

BOUDOUCHEE

Il existe en russe deux formes différentes du futur **Будущее BOUDOUCHEE** le futur simple perfectif et le futur composé imperfectif.

Dans un premier temps, je propose au touriste d'utiliser plus souvent le futur imperfectif avec le verbe auxiliaire être pour sa facilité et par le fait que le verbe être sous sa forme **BOUDOU** (sera) deviendra très facile à retenir.

Le futur imperfectif (ou futur composé) se forme à l'aide de l'auxiliaire **быть** (être), ce verbe être va se placer devant le verbe qui exprime l'action qui va être faite, il y aura donc une composition de deux verbes ensemble.

Je parlerai **Буду разговаривать**

YA BOUDOU RAZGOVORYVAT

Petit rappel, au présent le verbe faire est :

Je fais **Делаю**

DELAYOU

Je fais ceci **Я делаю это**

YA DYELAYOU ETO

On va maintenant le conjuguer au Futur.

Le verbe d'exemple, le verbe **FAIRE** au Futur Simple **PERFECTIF** :

Le verbe faire   Сделать

SDELAT

Je ferai ce travail demain

Я сделаю эту работу завтра

YA   SDELAYOU   ETOU   RABOTOU   ZAVTRA

Nous utilisons **сдела SDELA** conjugué avec la terminaison masculine, féminine ou plurielle comme précisé entre parenthèses, l'action du verbe se situera dans le futur dans une notion de temps précisée, déterminée, définie, cela se fera maintenant, je vais le faire de suite, demain, dans une semaine, je vais le faire dans un mois, je précise quand ce sera….

Je vais le faire (**Я сдела-ю**) **Я сделаю**

(YA SDYELA-OU) SDYELAOU

Tu vas le faire (**Ты сдела-ешь**) **Сделаешь**

(TY SDYELA-ECH) SDYELAECH

Il, elle va le faire   **Он, она, (Сдела-ет) Сделает**

ON, ONA, ONO SDYELAET

Nous allons le faire   (**мы сдела-ем**) **сделаем**

MUY   SDYELAEM

Le verbe d'exemple, le verbe **FAIRE** au Futur Composé **IMPERFECTIF** :

Le verbe faire   Сделать

SDELAT

Le verbe **быть** s'écrit devant le verbe quel qu'il soit dont l'action se situera dans le futur, on accorde le **быть BYT** sous sa forme **буд BUD** va se conjuguer au singulier masculin ou au pluriel et se placer devant le verbe, l'action du verbe se situera dans le futur dans une notion de temps indéterminée, non définie, cela se fera plus tard, je ne sais pas quand…..

Je vais faire, je vais devoir faire, j'ai l'intention de le faire, c'est une action qui va se situer dans le futur dans le sens de devoir, d'obligation de résultat ;

Je vais devoir faire   **Я Буду сделать**

YA BOUDOU SDYELAT

Action de devoir faire :

Que vais-je devoir faire

Что я должен буду сделать

CHTO YA   DOLJEN BOUBOU   SDYLAET

Tu sais ce que je vais devoir faire ?

Ты знаешь, что я должен буду сделать?

TY SNAECH, CHTO YA DOLJEN BOUDOU SDYLAET

Je vais devoir faire un choix   Я должен буду сделать выбор

YA   DOLJEN   BOUDOU   SDYLAET   BYBOR

Je vais devoir le faire moi-même

Я вынужден буду сделать это сам

YA   VYNOUJDYEN   SDYLAET   ETA   SAM

Je vais devoir faire du travail domestique

Я буду делать домашнюю работу

(travail à la maison et ou ménage etc)

YA   BOUDOU   SDYLAET   DOMACHNYOU   RABOTOU

Action négative future, de ne pas devoir le faire :

Je ne vais pas devoir le faire   Я не   Буду сделать

YA NE BOUDOU SDYLAET

Naturellement je ne vais pas devoir le faire

Я конечно не буду сделать

YA   KONYEJNA   NYE   BOUDOU   SDYLAET

Action positive future, de faire :

Je vais **Я буду**

YA BOUDU

Tu vas **Ты будешь**

TY BOUDYCH

Il va **Он будет**

ON BOUDET

Elle va **Она будет**

ONA BOUDET

Nous allons **Мы будем**

MY BOUDYM

Vous allez **Вы будете**

VUY BOUDYETE

Ils vont **Они будут**

ONY BOUDOUT

Ce sera difficile **Так что это будет сложно**

TAK CHTO ETA BOUDYT SLOJNA

Tout sera **Все будет**

VSYO BOUDYT

L'auxiliaire **буду BOUDU** ne servant qu'à préciser et annoncer le futur il précèdera systématiquement le verbe indiquant ce que l'on fera comme par exemple :

Je téléphonerai **Я буду звонит**

YA BOUDU ZVONYT

En langage courant on pourra aussi utiliser le présent mais avec une finalité du futur sans utiliser **BOUDOU** comme sur l'exemple suivant :

Je téléphone de l'hôpital si j'ai des nouvelles

Я позвоню из больницы, если будут новости

YA PAZVONYOU YZ BALNYTSE

YESLY BOUDOUT NOVOSTYE

Une personne pourra toutefois vous dire **Я буду** sans autre complément, ce qui signifiera, je le ferai, ou je viendrai etc ceci en réponse à votre question sera une réponse affirmative.... oui je le ferai après, plus tard, dans le futur.

Pour conjuguer le verbe par la négation, nous rajoutons le non **НЕ (NYE)**.

Je ne ferai pas **Я не буду**

YA NYE BOUDOU

Cela va se faire demain est du **FUTUR PERFECTIF**, je sais quand cela sera fait.

Cela se fera est du **FUTUR IMPERFECTIF**, je ne sais pas quand ce sera fait.

Je préconise pour les novices d'utiliser **BOUDOU** ou le futur imperfectif s'ils n'arrivent pas dans un premier temps à se clarifier lequel prendre.

Exemple avec le verbe faire et le verbe lire
Au futur perfectif :

    Je vais lire **Я буду читать**

BOUDOU TCHYTAETE

Au futur imperfectif :

    Je lirai **Я прочитаю**

YA PROTCHYTAOU

    Je lirai le journal **Я прочита́ю газе́ту**

YA PROTCHYTAOU GAZETOU

Pour rappel au passé perfectif on aurait dit ;

    Je lisais le journal

Я читал газеты

YA TCHYTAL GAZETY

Pour rappel au passé imperfectif on aurait dit ;

    J'ai lu le journal **Я прочита́л газе́ту**

YA PROTCHYTAL GAZETOU

Pour un débutant je préconise de se familiariser avec les notions de faire dans le futur avec différentes variantes.

Je le ferai après Я буду сделал позже

YA BOUDOU SDYELAL POZJE

Je le ferai plus tard Я буду позже

YA BOUDOU POZJE

Pourquoi ne pas plus tard ? Почему не позже ?

PATCHEMOU NYE POZJE ?

Ni avant ni plus tard Ни раньше, ни позже

NY RANCHYE, NY POZJE

Tôt ou tard, mais je serai à coté

Раньше или позже, но я буду рядом

RANCHYE YLY POZJE, NO YA BOUDOU RYADOM

Pas un jour plus tard Ни днём позже

NY DYEM POZJE

Différentes notions temporelles au futur :

Peut-être demain Может завтра

MOJETE ZAVTRA

Peut-être dans une semaine Может на недела

MOJETE NA NEDELA

Je sais, je devrais être bien, je suis content

Знаю, мне должно быть хорошо, я очень счастлив

ZNAYOU, MYNYA DAOUJNA BYT

XOROCHO, YA OTCHEN SCHASTLYV

La date de la facture ne doit pas être au plus tard

Дата счет-фактуры не должна быть позже

DATA CHYOTE FACTOURY

NYE DAOUJNA BYT POZJE

Je devrais **Мне должно**
(plus tard)

MYNYA DAOUJNA

Chaque femme doit-être **У каждой женщины должно быть**

OU KAJDOY JENCHNY DOOUJNA BYT

Plus tard **Позже**

POZJE

C'était, cela a été, ce sera plus tard. Par conséquent, dans la construction d'un événement ou action qui est survenue après quelque chose d'autre.

Le bus est arrivé plus tard que le trolleybus

Автобус пришел позже, чем троллейбус

AVTOBOUS PRYCHO POZJE TCHEM TRALEYBOUS

Plus tard **Попозже**

POPOZJE

Il est possible plus tard. Par conséquent, dans la construction d'un événement ou action qui ne se fera que plus tard.

Revenez plus tard (après) **Зайди попозже (позднее)**

ZAYDY POPOZJE (POZDNEE)

Après (plus tard aussi) **Позднее**

POZDNEE

Pas plus tard que **Не позднее чем**

NYE POZDNE TCHEM

Au plus tard que pour **Не позднее чем за**

NYE POZDNE TCHEM ZA

Si une action peut (doit) être effectuée au plus tard un certain nombre de jours, ou pour un certain nombre de jours.

Если какое-либо действие может (должно) осуществляться не позднее чем за определенное количество дней или за определенное количество дней.

Mais pas plus tard **Но не позднее**

NO NYE POZDNE

Pas plus tard que la fin de **Не позднее конца**

NYE POZDNE KONTSHA

Trop tard **Слишком поздно**

CLYCHKOM POZDNA

Un peu en retard **То немного опоздал**

TO NEMNOGA APAZDAL

Je serai un peu en retard **Я буду немного опоздал**

YA BOUDOU NEMNOGA APAZDAL

Tu n'étais pas en retard   Ты чуть было не опоздал

TY TCHOUT BYLA NYET APAZDAL

Pardon mais tu est en retard   Прости, но ты опоздал

PROSTY NO TY APAZDAL

Tu n'es pas en retard   Ты не опоздал

TY NYE APAZDAL

Je ne vais pas te prendre comme tu est

Я не буду принимать тебя такой, ты есть

YA NE BOUDOU PRYNYMYAT TYBYA KAKOY TY EST

Comment tu seras (au masculin)   **Какой ты будешь**

KAKOY TY BOUDECH

Comment tu seras (au féminin)   **Какая ты будешь**

KAKAYA TY BOUDECH

Comment tu vas te voir dans l'avenir ?

(à quoi tu vas ressembler)

Как ты будешь выглядеть в будущем ?

KAK TY BOUCECH VYGLYEDYTE F BOUDOUCHYM

Je ne ressemblerai pas à une Lady

Я не буду выглядеть как леди

YA NYE BOUDOU VYGLYEDYTE KAK LEDY

A l'Aéroport :

Que faire si vous êtes en retard pour un vol de correspondance ?
Что делать, если вы опоздали на стыковочный рейс ?

Dites-moi,
quoi faire, si je serai en retard pour l'avion ?
**Подскажите,
Что делать, если я буду опаздывать на самолет ?**

Peut-être que tu étais en retard dans l'avion

Может ты опоздал на самолет

MOJETE TY APAZDAL NA SAMALYOT

Que pourrait-il être ? **Что это может быть ?**

CHTO ETA MOJETE BYT

Directeur de l'aéroport, qui a parlé ce jour - là avec les pilotes, a raconté comment tout cela est arrivé.
Диспетчер аэропорта, разговаривавший в тот день с летчиками, рассказал как все произошло.

Ceci est peut - être, la chose la plus importante - si ce sera

Это, может быть, самое главное - если будет

ETA MOJETE BYT, CAMOE GLAVNOE – ESLY BOUDETE

Reformulons le verbe faire sous sa forme perfective делать et imperfective сделать au futur :

Je vais faire **Я буду де́лать – сде́лаю**

YA BOUDOU DYELAT – SDYELAOU
Tu vas faire **Ты будешь де́лать - сде́лаешь**

TY BOUDYCH DYELAT – SDYELAECH

Il va faire **Он будет де́лать – сде́лает**

BOUDYTE DYELAT – SDYELAET

Nous allons faire **Мы будем де́лать- сде́лаем**

MUY BOUDYM DYELAT - SDYELAEM

Vous ferez **Вы будете де́лать сде́лаете**

VUY BOUDYTE DYELAT - SDYELAETE

Ils feront **Они будут де́лать – сде́лают**

ONY BOUDOUT DYELAT – SDYELAYOUT

Attention, très souvent les russes utilisent le terme, je vais :

Je vais **Я иду**
(homme ou femme)

YA YDOU

Exemple :

Je vais regarder **Я иду смотреть**
(homme ou femme)

YA YDOU SMOTRYTE

Je vais à tout cela **Я иду такая вся**
(femme)

YA YDOU TAKAYA VSYA

RECAPITULATIF DU VERBE FAIRE

Le Temps	Imperfectif делать	Perfectif сделать
AU FUTUR будущее время BOUDOUCHEE VREMYA	Je ferai Я буду делать YA BOUDOU DELAT Tu feras Ты будешь TY BOUDYCH Il/elle fera Он/ Она будет ON/ONA BOUDET Nous ferons Мы будем MY BOUDYM Vous ferez Вы будете VY BOUDETE Ils feront Они будут ON BOUDOUT	Я сделаю YA SDELAYOU Ты сделаешь TY SDELAECH Он/ Она сделает ON/ONA SDELAETE Мы сделаем MY SDELAEM Вы сделаете VY SDELAETE Они сделают ONY SDELAYOUT
AU PRESENT настоящее время NASTYAECHEE VREMYA	Je fais Я делаю YA DELAYOU Tu fais Ты делаешь TY DELAECH Il/elle fait Он/ Она делает ON/ONA DELAETE	

Le Temps	Imperfectif делать	Perfectif сделать
AU FUTUR будущее время BOUDOUCHEE VREMYA	Je ferai Я буду делать YA BOUDOU DELAT Tu feras Ты будешь TY BOUDYCH Il/elle fera Он/ Она будет ON/ONA BOUDET Nous ferons Мы будем MY BOUDYM Vous ferez Вы будете VY BOUDETE Ils feront Они будут ON BOUDOUT	Я сделаю YA SDELAYOU Ты сделаешь TY SDELAECH Он/ Она сделает ON/ONA SDELAETE Мы сделаем MY SDELAEM Вы сделаете VY SDELAETE Они сделают ONY SDELAYOUT
AU PRESENT настоящее время NASTYAECHEE VREMYA	Je fais Я делаю YA DELAYOU Tu fais Ты делаешь TY DELAECH Il/elle fait Он/ Она делает ON/ONA DELAETE Nous faisons Мы делаем MUY DYELAEM Vous faites Вы делаете VUY DELAYETE Ils font Они делают ONY DELAOUT	

RECAPITULATIF DU VERBE FAIRE

LES PARONYMES

Lorsque deux mots se prononcent presque de la même façon mais possèdent des sens différents, on dit qu'ils sont paronymes.

Les Russes utilisent des jeux d'adjectifs qualificatifs qui ont à peu près la même prononciation sans être vraiment homonymes mais qui ont le même sens.

Quelques exemples **Несколько примеров**

NYSKOLKA PRYMEROV

La phrase **Словосочетания**

SLOVOVYCHETANYA

Phrases pour analyser **Фразы на анализ**

FRAZOU NA ANALYZ

Je prends deux adjectifs antagonistes qui ont tous deux de très nombreuses déclinaisons :

La haine **Ненависти**

NENYAVESTY

Ce sont des mots très hostiles il m'est difficile de les entendre
Это враждебные слова, мне очень больно их слушать

Signification de mot hostile Значение слова Враждебный

ZNATCHENYA SLOVA VRAJDEBNY

Ennemi Вражеский

VRAJESKY

Hostile Враждебный

VRAJDEBNY

Nous avons appris les plans de l'ennemi
Нам стали известны вражеские планы

Ceci facilite nos actions
это очень облегчит наши действия

Appartenant à l'ennemi Принадлежащий врагу

PRYNADLYEJAY VRAGA

Les plans de l'ennemi Планы врага

PLANY VRAGA

Armée ennemie Вражеская армия

VRAJENSKAYA ARMYA

Relations hostiles **Враждебные Отношения**

BRAJDENYE ATNACHENYA

Plans ennemis - plans opposés **Вражеский План**

BRAJENSKY PLAN

Attaque de l'ennemi **Вражеское Нападение**

VRAJENSKY NOPADENYE

Comportement hostile **Враждебное Поведение**

VRAJDEVNYE PAVEDENYE

Positions ennemies **Вражеская Позиция**

VRAJENSKYE PAZYTSYE

Mots hostiles **Враждебные Слова**

VRAJDEBNYE SLOVA

Relations se rapportant à l'ennemi

Имеющий отношение к врагу

YMEYAECHY ATNACHENYE K BRAGOU

Pleine d'hostilité **Полный Вражды**

POLNY VRAJDY

L'amour **Любовь**

LYOUBOV

Amical **Дружный**

DROUJNY

Lies par l'amitié **Связанный Дружбой**

ZVYAZANY DROUJBOY

Sympathique et convivial **Дружеский**

DROUJESKY

Relations d'amitié mutuelle **Имеющий отношение к другу**

YMEYAECHY ATNACHENYE KA DROUGOU

Exprimer l'amitié **Выказывающий Дружбу**

VYSKAVYZECHNY DROUJBA

Désir amical **Доброжелательный** (amour amical)

DOBRA JELATELNY

Désiré et convoité Желательный

JELATELNY

Amical, convivial Дружественный

DROUJENSTNY

Bienveillance mutuelle Взаимно благожелательный

VZAYMNA BLAGAJELATELNY

Ambiance amicale conviviale Дружественный

DROUJETSVYNY

L'amitié entre les enfants de la famille
В дружной семье и дети растут дружными

Puis-je éviter cela et garder mes amis ?
Можно ли избежать этого и сохранить друзей ?

Après leurs mots sonnaient le rire amical
После их слов раздался дружный смех

Il ne faut pas abandonner l'aide amicale
Не надо отказываться от дружеской помощи

Est arrivé à Moscou l'ambassadeur puissance amie
В Москву прибыл посол дружественной державы

Relations amicales entre les nations
дружественные отношения между странами

Grande puissance amie Дружественной державы

DROUJETSVYNY DERJAV

Rencontre amicale Дружеская Встреча

DROUJENSKAYA STRETSA

Puissance amicale Дружественная Держава

DROUJETSVANA DEREVA

Acte (action) inamical Недружественный Акт

NYEDROUJENSTNY AKTE

Sympathique, amical Дружный

DROUJNY

Amitié Дружба

DROUJBA

Amis Друзья

DROUZYA

Amis Друзьями

DROUZYAMY

Vos amis **Ваших д рузей**

VACHY DROUZEY

Comment ajouter des amis ? **Как добавить друзей ?**

KAK DABAVYT DROUZEY

Jouez avec vos amis **Играйте с Друзьями**

YGRAETE S DROUZYAMY

Se lier d'amitié **Дружить**

DROUJYT

Famille amicale **Дружная Семья**

DROUJNAYA SYMYA

Classe amicale **Дружный Класс**

DROUJNY KLAS

Fraternité amicale **Дружные Братья**

(entre frères)

DROUJNYE BRATYE

Travail amical **Дружная Работа**

DROUJNAYA RABOTA

Rire amical **Дружный Смех**

DROUJNY SMIJ

Printemps amical **Дружная Весна**

DROUJNAYA VYSNA

Un salut amical **Дружеский Привет**

DROUJNSKY PRYVYET

Conseils Amicaux **Дружеский Совет**

DROUJNSKY SAVYET

Conversation amicale **Дружеская Беседа**

DROUJENSKAYA BYESEDA

Fondés sur l'amitié **Основанный на Дружбе**

ASNOVANY NA DROUJBA

TABLE DES MATIERES

GUIDE DE CONVERSATION EN LANGUE RUSSE

Introduction	7
Préparation au voyage	11

Première partie le Russe de façon intuitive

Formules de politesse	21
Aéroport	41
Taxi	49
Train	55
Gare Routière	57
Metro	63
Bus	65
Hotel	69
S'orienter dans la rue	83
Musée	93
Magasin	99
Magasin de vetements	105
Restaurant	111
Conversation familiale courante	121
La poste	133
Les mois	135
Le locatif de temps	141
Les heures et dates	143
Usages	151
Prononciation des chiffres et des nombres	155
Etages	163
Phrases pour la communication courante	167
Conversation d'urgence minimum	193
Urgences	199
Problèmes et secours	201
Allusions relationnelles	209

Seconde partie conjugaison simplifié du Russe

L'Alphabet Russe	235
Récapitulatif de prononciation	239
Antisèches pronoms et prépositions	243
Déclinaisons	245
Sonorités de prononciation	247
Caractéristiques de la langue russe	251
Présent singulier ou pluriel	255
Les verbes perfectifs et imperfectifs	267
Les préfixes	271
Les prépositions	273
Perfectif et Imperfectif	287
Le futur	397
Récapitulatif du verbe faire	313
Les paronymes	315
Table des matières	323
Remerciements	325

En souvenir de notre retour d'Измайлово avec
Paola Garijo et Nadia Nakapkina à Moscou durant l'été 2016 Merci à toutes les deux.

© Tous droits réservés Copyright : François Garijo 2016
Автор, книжный редактор, издательство
© Франсуа Гарижо 2016г

ISBN 979-10-97252-15-1